SENF
FISCH

GRETE WILLINSKY

Gemüse international serviert

Grete Willinsky

GEMÜSE
INTERNATIONAL SERVIERT

BASTEI
LÜBBE

© by Mary Hahns Kochbuchverlag, Berlin 1976
Lizenzausgabe: Gustav Lübbe Verlag GmbH,
Bergisch Gladbach
Printed in Western Germany 1978
Einbandgestaltung und Bildtafeln: Studio Schob
Illustration: Roland Winkler
Gesamtherstellung: Ebner, Ulm
ISBN 3-404-00882-0

Der Preis dieses Bandes versteht sich einschließlich der
gesetzlichen Mehrwertsteuer

Inhaltsverzeichnis

Vorwort	9
Was Sie wissen sollten	10
Artischocken	12
Auberginen	18
Blumenkohl	28
Bohnen	32
Brokkoli	40
Chicorée	42
Chinakohl	46
Endivie	48
Junge grüne Erbsen	53
Fenchel	59
Grünkohl	62
Gurken	64
Karotten, Mohrrüben, Möhren	71
Kohlrabi	74
Kohl, Kraut, Weißkohl	77
Kürbis	89
Lattich	94
Lauch, Porree	97
Mais, Maiskolben	101
Mangold	104
Paprikaschoten	106
Radicchio	114
Rosenkohl (Sprossenkohl)	117
Rote Rüben	121
Rotkohl	124
Schwarzwurzeln	127
Sellerie	132
Spargel	142
Spinat	146
Tomaten	155

Wirsing	163
Zucchini, Zucchetti	166
Zwiebeln	173
Verzeichnis der Rezepte	180

Vorwort

Wenn man über den Münchner Viktualienmarkt geht, dem heute vielleicht schönsten deutschen Markt, dann drängt sich einem die Absicht, ein Rezeptbuch über Gemüse zu verfassen, ganz von selbst auf. Da locken in bunter Fülle neben den einheimischen Gartenerzeugnissen französische und italienische, spanische, marokkanische und israelische Artischocken, Auberginen, Brokkoli, Fenchelknollen, Radicchi, Selleriestauden, Zucchini und anderes mehr. Der anheimelnde altmodische Name des Marktes bezeigt noch das beharrliche Festhalten am Althergebrachten; die Stände aber bieten wie auf allen anderen Märkten in unseren Landen die ganze internationale Palette an Gemüse und Obst.

Wie bereitet man Auberginen, Brokkoli oder Zucchini, die einem im Süden so gut mundeten? Wie serviert man Bohnen, Kohl, Karotten – Gemüse, das wir seit Jahrhunderten in unseren Gärten ziehen – anderswo?

Die hier zusammengetragenen, so authentisch wie irgend möglich wiedergegebenen Rezepte mögen Antwort geben.

In Anbetracht der Fülle will ich mich auf Gemüse als Zukost oder Hauptgericht beschränken, das gekocht, gedünstet, gebakken wird. Rezepte für Rohkost und Salate und exotische Früchte würden den Umfang des Buches sprengen. Unberücksichtigt bleiben auch Gartenfrüchte, die hierzulande nicht aufzutreiben sind.

Die Beispiele mögen Anregung geben, mehr und abwechslungsreicher Gemüse auf den Tisch zu bringen. Gemüse ist heute zwar kein billiges Essen mehr wie ehedem, aber – um der Vitamine und Mineralsalze willen – gesund und lebensnotwendig.

Alle Rezepte, bei denen nichts anderes vermerkt ist, gelten für 4 Personen.

Was Sie wissen sollten:

Im Süden wird Gemüse mit vielen aromatischen Kräutern gewürzt. Das sind z. B. in Frankreich und Spanien Thymian und Lorbeerblätter; in Italien Origano (wilder Majoran) und Basilikum; in Griechenland auch frische Pfefferminze.
Thymian, Origano, Majoran, Lorbeerblätter und Basilikum sind bei uns das ganze Jahr über getrocknet zu haben. Im Frühling und Sommer auch frisch. Und man sollte das nützen. Frische Kräuter sind würziger und aromatischer. Das gilt insbesondere für Basilikum, das im Süden in alle Tomatengerichte gehört. Ein *bouquet garni*, ein Kräuterstäußchen, wie es in der französischen Küche Tradition ist, besteht zumeist aus Petersilie (Wurzel und Grün), einem Zweiglein Thymian und einem Zweiglein Lorbeer. Es wird, zum Sträußchen gebunden, mitgedämpft und nach dem Kochen entfernt. In südlichen Ländern wie Spanien, Italien, Griechenland werden die Kräuter fein gehackt und, mit Ausnahme von Kerbel und Dill, mitgedünstet. Petersilie, die man über fertige Gerichte streut, sollte nie mitgekocht werden, sie verliert an Aroma, Geschmack und Vitaminen. Zu Recht schätzt man in England, Amerika und anderen nördlichen Ländern das hübsche Petersiliengrün auf den angerichteten Speisen.
Eine andere, bei uns noch sehr umstrittene Würzzutat ist Knoblauch. Aber er gehört in die mediterrane Küche, ist gerade im Süden von großem diätischem Wert und kann, richtig angewandt, auch den Knoblauchscheuen bekehren. Es gibt bei uns die sehr praktischen kleinen Knoblauchpressen, die die Handhabung der duftenden Zehen sehr erleichtern. Außerdem kann man, will man südlichen Bräuchen folgen, ganze Knoblauchzehen in Öl oder Fett andünsten und wieder entfernen.
Viele Gemüse werden in den südlichen Küchen gemischt zubereitet und viele in einer gut gewürzten Tomatensauce serviert. Ein Rezept hierzu: 500 g Tomaten in heißes Wasser tauchen, mit kaltem abschrecken, schälen, vierteln, die weißen Rippen

herausschneiden und die Viertel zwischen Daumen und Zeigefinger leicht ausdrücken. Die Viertel nach Belieben noch kleinhacken, in einem guten Eßlöffel Öl weich dünsten und dick einkochen lassen. Mit Salz, Pfeffer, wenig Zucker, verriebenem Origano und etwas frischem, feingehacktem Basilikum würzen.

Artischocken

Artischocken sind Distelgewächse, die im ganzen Mittelmeerraum noch wild wachsen. Der Name stammt aus dem Arabischen *(al-harsof)*, kam über das Spanische zu uns und wurde bereits 1556 von dem Züricher Frisius als Artischock erwähnt. Die kleinen spitzstacheligen wilden Gewächse wurden in Gärten und Plantagen veredelt. Frankreich, besonders die Provence, tat sich darin hervor. So nennt man die großen fleischigen, rundblätterigen Blütenknospen heute gerne französische Artischocken – im Gegensatz zu den spitzeren, stachligeren italienischen, die im Geschmack aber den ersteren keineswegs nachstehen. Kleine Artischocken werden in Italien fabrikationsmäßig in Essig und Öl eingemacht und sind ein Bestandteil der Vorspeisentafel, der *antipasti*.

Die Zubereitung der Artischocken erfordert einige Sorgfalt. Man entfernt die äußeren harten Blätter, schneidet mit einem rostfreien Messer etwas vom Stiel ab, stutzt die Spitzen, zieht die stachligen Herzblätter und die haarigen Fasern, das sogenannte Heu, heraus, beträufelt die Blütenknospen sofort mit Zitronensaft, um das Schwarzanlaufen zu verhindern, und kocht sie in einem flachen Topf (kein Metalltopf, bitte!) mit etwas Zucker in leicht gesalzenem und mit Zitronensaft gesäuertem Wasser in 30–40 Minuten weich. Die angerichteten schmelzt man mit brauner Butter oder auf italienische Art mit siedendem Öl ab, oder man reicht zu kalten Artischocken Essig und Öl oder Mayonnaise oder *beurre de Provence* – eine Knoblauchmayonnaise aus 5–6 zerquetschten Knoblauchzehen, die mit etwas Salz und einer Messerspitze Zucker im Porzellanmörser zerstoßen, dann mit zwei Eigelb schaumig gerührt und schließlich mit tropfenweise dazugegebenem Öl (1 Tasse) zu einer Mayonnaise verarbeitet werden. Ein Schuß Zitronensaft vollendet die duftende Sauce.

Das Verzehren der Artischocken ist Spaß und Spiel zugleich. Man zupft mit den Fingern Blättchen für Blättchen ab, taucht sie in die Sauce und lutscht sie genüßlich aus. Es bleibt als köstlicher Abschluß der Artischockenboden, den man mit der Gabel zerteilt und mit der restlichen Sauce vertilgt. Übrigens gibt es Artischockenröschen in Dosen zu kaufen. Sie bilden mit Füllen und Saucen köstliche Vorgerichte oder Garnituren zu Steaks.

Gefüllte Artischocken nach Art der Provence
Artichauts à la barigoule

Schon Petrarca soll, sagt die Fama, die gefüllten Artischocken seinerzeit in Avignon sehr geschätzt haben. Sie mögen ihn an die *carciofi alla romana*, die römischen Artischocken, erinnert haben.

4 große runde Artischocken, Salzwasser, 1 Zitrone, 1 Teelöffel Zucker, 2 Zwiebeln, 1/2 Tasse Olivenöl, 1 Tasse Weißwein, 1 Tasse Fleischbrühe

Fülle: 2 Eßlöffel Semmelbrösel, 1 Eßlöffel Öl, 1 Eßlöffel Wein, 1 Zwiebel, 2 Knoblauchzehen, 75 g Schinken, 125 g Champignons, evtl. 1 Eigelb, Salz, Pfeffer, Petersilie, Thymian

Die vorbereiteten Artischocken 15 Minuten in leichtem Salzwasser mit Zitronensaft und Zucker kochen, herausnehmen, abtropfen und auskühlen lassen. Inzwischen die mit Öl und Wein angefeuchteten Semmelbrösel mit einer geriebenen Zwiebel, zerquetschten Knoblauchzehen, feingehacktem Schinken und gehackten Champignons, Salz, Pfeffer, Petersilie und Thymian gut mischen, nach Belieben mit einem Eigelb binden. Nun faßt man die Artischocken am Stiel, drückt sie fest auf den Tisch, so daß sich die Blätter öffnen, entfernt vielleicht auch ein paar Blättchen aus der Mitte und füllt die Farce in die Hohlräume zwischen die Blätter. Eine feuerfeste Form wird mit Zwiebelringen ausgelegt, darauf kommen die gefüllten Artischocken, gleichmäßig darüber das Olivenöl. Man schiebt die gefüllte Form in den mäßig warmen Ofen (200–250 °C). Wenn sich die Zwiebeln zu bräunen beginnen, gießt man Wein und Brühe auf (notfalls auch etwas vom Kochwasser), deckt den Topf zu und läßt das Ganze 30–40 Minuten im Ofen garen. In der Form auftragen.

Gefüllte Artischocken nach griechischer Art
Anginares yemistes

8 Artischocken, Salzwasser, 1 Zitrone, 1 Teelöffel Zucker, 1 Tasse gekochte Perlzwiebelchen, ½ Tasse Olivenöl, 1 Tasse Wein, 1 Tasse Wasser, 1 Eßlöffel Zitronensaft

Fülle: 200–250 g Hackfleisch (Lamm- oder Hühnerfleisch), 2 geriebene Zwiebeln, 2 zerquetschte Knoblauchzehen, Salz, Pfeffer, 1 Eßlöffel Olivenöl, 1 Teelöffel Tomatenmark, feingehackte Petersilie, feingehackte frische Minze

Die vorbereiteten Artischocken 10–15 Minuten in Salzwasser mit Zitronensaft und Zucker kochen, herausnehmen, auskühlen lassen. Hackfleisch mit Zwiebeln, Knoblauchzehen, Salz und Pfeffer gut verkneten, in Öl anschwitzen lassen, Tomatenmark beigeben und abseits vom Feuer mit den feingehackten Kräutern mischen. Etwas ausgekühlt in die Artischocken füllen (siehe Seite 14). Die gefüllten in eine feuerfeste irdene Form ordnen, die Zwischenräume mit Perlzwiebelchen füllen, zuerst Öl und Zitronensaft darübergießen, dann Wein und Wasser zu gleichen Teilen. 20–30 Minuten zugedeckt im Ofen bei mäßiger Hitze garen lassen, dann Deckel abnehmen, aber im Ofen lassen, bis Wein und Wasser etwas verdampft sind. Heiß (oder wie in Griechenland an heißen Sommertagen auch kalt) servieren!

Brüsseler Artischocken
Artichauts à la crème

4 große Artischocken, Saft von 1 Zitrone, Salzwasser, 1 Teelöffel Zucker, 65 g Butter, 1 Zwiebel, ¼ l Rahm, Salz, Cayennepfeffer, 1 Teelöffel Zitronensaft, 2 Eidotter, Petersilie

Die vorbereiteten Artischocken in leichtem, mit Zitronensaft gesäuertem und ganz wenig gezuckertem Salzwasser weich kochen, herausnehmen, abtropfen lassen. In einer flachen Kasserolle Butter schmelzen lassen, die feingehackte Zwiebel glasig dünsten, den Rahm hinzugießen und die Artischocken über kleinem Feuer in der Rahmsauce kurze Zeit durchschmoren. Mit Salz, etwas Cayennepfeffer und Zitronensaft abschmecken und mit verquirltem Eigelb legieren. Nicht mehr kochen lassen. Mit Petersilie bestreut servieren.

Artischocken nach römischer Art
Carciofi alla romana

werden in Rom selbst *carciofi alla giudaica* – Artischocken nach jüdischer Art – genannt.

8 kleine Artischocken, Salzwasser, 1 Zitrone, 1 Teelöffel Zucker, 1 Tasse Olivenöl, 1 Tasse heißes Wasser

Fülle: 4 Zwiebeln, 2 Knoblauchzehen, 2 Sardellenfilets, 1 Petersiliensträußchen, 2–3 Blättchen frische Minze, 1 Teelöffel Origano

Die vorbereiteten Artischocken 15 Minuten kochen, herausnehmen, auskühlen lassen. Mit der auf dem Hackbrett gut zusammengehackten Farce aus Zwiebeln, Knoblauchzehen, Sardellen, Petersilie, Minze und Origano füllen, wie bei *Gefüllte Artischocken* beschrieben, und in reichlich Olivenöl und etwas heißem Wasser in einer feuerfesten Form im Ofen gar dünsten. Weißbrot dazu.

Gefüllte Artischocken nach spanischer Art
Alcachofas rellenas

4 große Artischocken, Salzwasser, 1 Zitrone, ½ Tasse Olivenöl, 1 Tasse Wasser, 1 Tasse Wein

Fülle: 100 g Schinken (oder Knoblauchwurst), 1 Zwiebel, 1 Knoblauchzehe, 1 Eßlöffel geriebener Käse, feingehackte Petersilie, Salz, Pfeffer

Die vorbereiteten Artischocken 10–15 Minuten in Salzwasser, das mit Zitronensaft versetzt wurde, kochen, herausnehmen, auskühlen lassen und wie in den vorhergehenden Rezepten füllen. Die Farce besteht aus feingehacktem rohem Schinken oder Knoblauchwurst, geriebener Zwiebel, zerquetschter Knoblauchzehe, Käse, Petersilie, Salz und Pfeffer. Öl im Tiegel heiß werden lassen, die gefüllten Artischocken hineinsetzen, Wasser und Wein zu gleichen Teilen zugießen und im Backrohr bei mäßiger Hitze (200–250°C) gar machen, bis die Flüssigkeit fast ganz verdampft ist.

Beliebt dazu ist in Spanien eine *salsa amarilla* (gelbe Sauce): 3 hartgekochte Eidotter werden mit etwas Senf, Salz und Pfeffer im Porzellanmörser zerstampft, mit tropfenweise dazugegebenem Öl (etwa 2–3 Eßlöffel) und einem Schuß Weinessig zu einer sämigen Mayonnaise gerührt, nach Belieben noch mit etwas Sherry verdünnt.

Auberginen

Die violett glänzenden länglichen Früchte eines Nachtschattengewächses stammen aus Indien und dem Vorderen Orient und werden heute im ganzen Mittelmeerraum angebaut. Den Namen Auberginen erhielten sie in Frankreich, höchstwahrscheinlich von *auberge* abgeleitet. Und in der Tat sind die Früchte meist Herberge für alle möglichen Füllungen. Bei uns nannte man sie ehedem Eierpflanzen, in England nennt man sie heute noch *eggplants*. Außer den gurkenähnlichen violetten gibt es auch weiße und gelbliche Auberginen, die mehr rund als länglich sind und eher Eiern gleichen.

Auberginen dürfen, um das Schwarzanlaufen zu verhindern, nur mit einem rostfreien Messer geschält und geschnitten werden. Sie werden vor der Zubereitung mit Salz bestreut und für eine halbe Stunde zum »Weinen« beiseite gestellt. Der gezogene Saft ist bitter und wird abgegossen.

Auberginen mit Käse auf griechische Art
Melidzanes me tiri

4 handlange Auberginen, Salz, Zitronensaft, 1–2 Eier, Mehl zum Einwälzen, Ausbacköl, 2 Tassen Tomatensauce, 200 g frischer Schafskäse oder vollfetter frischer Weißkäse oder geriebener Parmesan, Butterflöckchen

Auberginen vorbereiten wie im vorigen Rezept, waschen, abtrocknen, in verquirltes Ei tauchen, in Mehl wälzen, in heißem Öl ausbacken. Eine feuerfeste Form mit einer Lage Auberginenscheiben auslegen, darüber zerbröckelten Schafskäse (oder Weißkäse oder geriebenen Parmensan, wenn Schafskäse nicht aufzutreiben ist), wieder Auberginenscheiben und Käse. Zuletzt die dicke Tomatensauce (siehe Seite 10) aufgießen, mit Käse bestreuen und Butterflöckchen bestecken und kurz im heißen Ofen gratinieren.

Auberginen nach provenzalischer Art
Aubergines à la provençale

1 kg Auberginen, heißes Wasser, Salz, 1 Tasse Öl, 1 feingehackte Zwiebel, 1 zerdrückte Knoblauchzehe, 1 kg Tomaten, 1 Eßlöffel Thymian, 1 Eßlöffel Basilikum, Salz, Pfeffer, 4 Anchovisfilets, feingehackte Petersilie

Eierkuchenteig: 100 g Mehl, 1 Ei, etwas Wein

Auberginen überbrühen, mit einem rostfreien Messer schälen, in Scheiben schneiden, reichlich mit Salz bestreuen und zum Ziehen beiseite stellen. In 2 Eßlöffel Öl Zwiebel und Knoblauchzehe leicht andünsten, die geschälten, geviertelten, möglichst entkernten Tomaten (siehe Seite 10) beifügen, mit Thymian, Basilikum, Salz und Pfeffer würzen und auf kleinem Feuer kochen, bis die Tomaten weich und die gezogene Flüssigkeit so ziemlich verdampft ist. Die Auberginenscheiben abspülen, abtrocknen, in Eierkuchenteig wälzen und in heißem Öl ausbacken. Auf dem Tomatenmus anrichten, mit Sardellenfilets garnieren und mit Petersilie bestreut servieren. Dazu Stangenbrot.

Gefüllte Auberginen nach spanischer Art
Berenjenas rellenas

2 große oder 4 kleine Auberginen, Salzwasser, Butter für die Form, 2 Eßlöffel Semmelbrösel, Butterflöckchen, 4 gefüllte Oliven, 4 Zitronenscheiben

Fülle: 1 Eßlöffel Öl, 1 feingehackte Zwiebel, 1 zerdrückte Knoblauchzehe, 100 g roher Schinken, 150 g Champignons, 1 Ei, 1 Teelöffel Paprika, feingehackte Petersilie

Die Auberginen der Länge nach halbieren. Samenkerne mit einem Holz- oder Plastiklöffelchen entfernen. Mit kochendem Salzwasser übergießen und eine halbe Stunde die Bitterkeit ausziehen lassen. Indes die Fülle bereiten: In heißem Öl Zwiebel und Knoblauchzehe anrösten, Schinkenwürfel und feingehackte Pilze beifügen und gar dünsten. Etwas auskühlen lassen. Mit einem Ei und geriebenem Käse binden, mit Paprika und Petersilie, notfalls auch etwas Salz würzen (der Schinken ist salzig). Die Auberginenhälften unter fließendem Wasser spülen, abtrocknen, mit der Farce füllen, in eine gefettete Auflaufform setzen, mit Semmelbröseln bestreuen, mit Butterflöckchen bestecken und im heißen Ofen (250°C) etwa 15 Minuten gratinieren lassen. Dann mit halbierten gefüllten Oliven und entkernten Zitronenscheiben garnieren und in der Form servieren.

Gefüllte Auberginen nach türkischer Art
Karniyeri

2 große Auberginen, Salz

Fülle: 250 g Hammelfleisch, 2 geriebene Zwiebeln, 2 zerdrückte Knoblauchzehen, 1 Eßlöffel Tomatenmark, Salz, Pfeffer, 1 Messerspitze Zimt, 1 Messerspitze Zucker

Sauce: 2–3 Eßlöffel Öl, 1 kg geschälte Tomaten, Salz, feingehackte Petersilie, etwas Basilikum

Die Vorbereitungen: Auberginen schälen, reichlich mit Salz bestreuen und für eine halbe Stunde beiseite stellen. Zur Fülle das Hammelfleisch zweimal durch die Maschine treiben, mit Zwiebeln, Knoblauchzehen und Tomatenmark gut vermischen, mit Salz, Pfeffer, Zimt und Zucker würzen. Zur Sauce: die geschälten, geviertelten und entkernten Tomaten (siehe Seite 10) in Öl dünsten und mit Salz, Petersilie und Basilikum abschmecken. Nun die Auberginen abspülen und etwa 5 Minuten in kochendem Wasser ziehen lassen. Die ausgekühlten der Länge nach aufschlitzen und mit einem Plastiklöffelchen behutsam die Kerne herauskratzen. In diese Öffnung kommt die Fleischfülle. Die gefüllten Auberginen werden in der Tomatensauce im Ofen bei mäßiger Hitze (200°C) in 30 bis 40 Minuten gar geschmort. Dazu eisgekühlten Joghurt!

NB: In gleicher Weise werden in der Türkei Gurken zubereitet.

Imam bayildi
wörtlich: der Priester fiel in Ohnmacht

4 kleine Auberginen, kochendes Salzwasser, Saft von 1 Zitrone, schwarze Oliven, Sardellenringe

Fülle: 1 Tasse Olivenöl, 4 kleine Zwiebeln, 4 Knoblauchzehen, 8–10 Tomaten, Salz, Pfeffer, ¹/₂ Teelöffel Zimt, 1 Messerspitze Zucker, 1 Eßlöffel Origano, 1 Eßlöffel Rosinen, 1 Eßlöffel gehackte Walnüsse

Eine andere Art türkischer Auberginen:
Auberginen kurz in kochendes Salzwasser tauchen, wodurch die Schale sich leicht abziehen läßt. Dann mit frischem Wasser absprühen, mit Zitronensaft netzen und beiseite stellen. Zur Fülle Zwiebeln und Knoblauchzehen in Öl (Hälfte der angegebenen Menge) andünsten, Tomatenscheiben hinzugeben, alles gut weich dünsten, durch ein Sieb streichen, mit Salz, Pfeffer, Zimt, Zucker und Origano gut abschmecken und wieder aufs Feuer bringen. Rosinen und Nüsse dazu und unter Rühren dicklich einkochen. Die abgespülten, abgetrockneten Auberginen der Länge nach seitlich aufschlitzen, behutsam die Kerne entfernen und das Zwiebel-Tomaten-Mus hineinstopfen. Die gefüllten Auberginen im restlichen Öl mit der übriggebliebenen (notfalls mit Wasser verdünnten) Sauce bei kleiner Hitze, zugedeckt, im Ofen gar machen. Man ißt das Gericht an heißen Sommertagen in der Türkei kalt – mit schwarzen Oliven und Sardellenringen garniert. Weißbrot dazu!

Auberginen nach Neapeler Art
Melanzane alla napoletana

5 handlange Auberginen, Salz, Zitronensaft, Mehl zum Einwälzen, Öl zum Ausbacken, 1 Tasse geriebener Parmesan, 125–150 g Mozzarella

Sauce: 1 Eßlöffel Öl, 1 Knoblauchzehe, 500 g geschälte Tomaten, 1 Teelöffel Origano, frisches Basilikum, Salz, Pfeffer, wenig Zucker

Die von Stiel und Blüte befreiten Auberginen waschen, gut abtrocknen, in fingerdicke Scheiben schneiden, mit Salz bestreuen, mit Zitronensaft netzen und zum »Weinen« beiseite stellen, damit alle Bitterkeit aus den Früchten gezogen wird. Zeit für die Sauce: In Öl eine Knoblauchzehe rösten, herausnehmen, sobald sie sich zu bräunen beginnt. Kleingeschnittene Tomaten hineingeben und über kleinem Feuer dünsten, bis sie weich sind und die Flüssigkeit etwas verdampft ist. Mit verriebenem Origano und gehacktem frischem Basilikum, Salz, Pfeffer und wenig Zucker würzen. Die Auberginenscheiben mit kaltem Wasser abspülen, abtrocknen, in Mehl wälzen, in Öl ausbacken und eine feuerfeste Form damit auslegen. Geriebenen Parmesankäse darüberstreuen, darüber einige dünne Scheiben Mozzarella (Büffelkäse, der auch in unseren Läden zu haben ist) und wieder eine Schicht Auberginenscheiben, Parmesan, Mozzarellakäse. Mit der dick eingekochten Tomatensauce übergießen, mit dem restlichen Parmesan bestreuen und kurze Zeit im heißen Ofen (250–300°C) gratinieren. Mit Weißbrot eine ganze Mahlzeit.

Gegrillte Auberginen nach amerikanischer Art
Grilled eggplants

4–5 kleine Auberginen, Salz Pfeffer, Saft von 1 Zitrone, etwas Öl, 4 Teelöffel Tomatenketchup

Die Auberginen trocken abreiben, ungeschält in zentimeterdicke Scheiben schneiden, mit Salz und Pfeffer bestreuen, mit Zitronensaft netzen und für eine halbe Stunde beiseite stellen. Dann abspülen, gut abtrocknen und auf dem geölten Rost unter dem Grill kurz unter einmaligem Wenden grillen. Mit kleinen Häufchen Tomatenketchup garnieren.
Auberginen sind mit gleicherweise gegrillten Tomatenhälften, Gurken- und Zucchinischeiben eine in Amerika sehr beliebte Beilage zu Fleischgrilladen.

Gefüllte Auberginen nach zyprischer Art
Melidzanes yemistes

4 kleine Auberginen, Salz, Zitronensaft, ½ l Fleischbrühe, Saft von 1 Zitrone

Reisfülle: 1 Tasse Reis, 3 Eßlöffel Öl, 2 feingehackte Zwiebeln, 2–3 Tassen kochendes Wasser, 1 Eßlöffel Tomatenmark, 1 Eßlöffel Pinienkerne, 1 Eßlöffel Rosinen, Salz, Pfeffer, frische Minze, Salbei

Während die halbierten Auberginen, mit Salz bestreut und mit Zitronensaft genetzt, die Bitterkeit »ausweinen«, bereitet man die Fülle. Öl erhitzen, die Zwiebeln lichtgelb andünsten, den Reis glasig rösten, dann nach und nach – immer wenn es verdampft ist – kochendes Wasser aufgießen. Nach 20 Minuten Tomatenmark, Pinienkerne, Rosinen, Salz und Pfeffer hinzugeben und (abseits vom Feuer) die feingehackten Kräuter. Die Fülle gibt man in die gut ausgespülten und leicht ausgekratzten Auberginenhälften, wobei man das Ausgekratzte der Fülle beimischt. Dann setzt man die Hälften wieder zusammen und ordnet die Auberginen in eine feuerfeste Form. Fleischbrühe und Zitronensaft darüber, die Form mit einem Deckel verschließen und bei ganz schwacher Hitze (180–200°C) im Ofen eine knappe Stunde garen. Das Gericht wird auf Zypern meist kalt serviert – schmeckt aber auch warm ausgezeichnet.

Auberginen auf katalanische Art
Berenjenas à la catalána

3 handlange Auberginen, Salz, Zitronensaft, ½ Tasse Öl, 75–100 g Schinken, Salz, Pfeffer, 1 Messerspitze Muskat, 4 Artischockenböden (Dose), ½ Tasse Wein, 2 Eßlöffel geriebener Käse, 1 Eßlöffel Semmelbrösel, Butterflöckchen

Die Auberginen schälen, in dünne Scheiben schneiden, salzen, mit Zitronensaft netzen und eine Weile die Bitterkeit ausziehen lassen. Die Scheibchen abspülen, abtrocknen, in eine feuerfeste Form schichten. Dazwischen etwas Öl geträpfelt, der feingehackte Schinken verteilt, wenig Salz, Pfeffer und Muskat. Darauf die abgetropften Artischockenböden, das restliche Öl, Wein, geriebener Käse mit Semmelbröseln gemischt und das Ganze mit Butterflöckchen besteckt. Bei mäßiger Hitze (200–250° C) im Ofen goldgelb überbacken (ca. 30 Minuten).

Indisches Auberginenpüree
Brinjal Boortha

1 kg Auberginen, Salz, 1 Teelöffel Senf, 1 Teelöffel Paprika, Saft von 1 Zitrone

Die Auberginen trocken abreiben, im Ofen bei ganz kleiner Hitze rösten, bis sie schrumpelig und fast schwarz erscheinen. Unter fließendem Wasser abschrecken, mit einem rostfreien Messer schälen, halbieren und das Fruchtfleisch (ohne größere Kerne) mit einem Holzstößel in einer Porzellanschüssel bearbeiten, bis es ganz zu Mus wird. Mit Salz, Senf, scharfem Paprika und Zitronensaft schaumig rühren. Eine beliebte Beilage zu Fleischspießchen.

NB: In der Türkei heißt Auberginenpüree *Patlijan salatasi*. Die Zubereitung ist die gleiche, doch mischt man gerne ein Löffelchen Honig unter das Mus.

Auberginen nach westindischer Art
Acrats de bélangères

2 große Auberginen, Zitronensaft, Salzwasser, 1 Ei, 1–2 Eßlöffel Mehl, 1 Teelöffel scharfer Paprika, Ausbacköl

Auberginen schälen, der Länge nach halbieren, entkernen, das Fruchtfleisch in Streifen schneiden, mit Zitronensaft netzen und in Salzwasser weich kochen. Abgießen, durch ein Sieb drücken. Das Mus mit einem Ei und Mehl gut verrühren und mit scharfem Paprika (Chilipulver) würzen. Teelöffelweise in siedendes Öl (nicht zu viel auf einmal) geben und goldgelb ausbacken. Dazu eine gut gewürzte Tomatensauce!

Griechisches Auberginengericht – Mussaka
Melidzanes mussaka

5 handlange Auberginen, Salz, Zitronensaft, 300–400 g Hammelfleisch, 1 Tasse Öl, 2 feingehackte Zwiebeln, 2 zerdrückte Knoblauchzehen, 1 Tasse dicke Tomatensauce, Salz, Pfeffer, ¹/₂ Teelöffel Zimt, ¹/₂ Teelöffel Zucker, 1 Eßlöffel Origano, feingehackte Petersilie, Mehl zum Einwälzen, 1 Tasse geriebener Käse, 2 Eßlöffel Semmelbrösel, Butterflöckchen

Mussaka ist wohl das beliebteste Auberginengericht – im ganzen Balkan. Griechen, Türken, Albaner, die Völker Jugoslawiens beanspruchen es gleichermaßen als Nationalgericht.
Die Auberginen wie üblich in kleinfingerdicke Scheiben schneiden, salzen, mit Zitronensaft, der das Schwarzwerden verhütet, netzen und zum »Weinen« beiseite stellen. Inzwischen das Hammelfleisch durch die Maschine treiben. In heißem Öl (Hälfte der angegebenen Menge) Zwiebeln und Knoblauchzehen lichtgelb rösten, das Fleisch dazugeben und rasch hin und her bewegen, bis es nicht mehr roh erscheint. Die Tomatensauce (oder Tomatenmark) untermischen, mit Salz, Pfeffer, Zimt, Zucker, Origano würzen, etwas auskühlen lassen und mit feingehackter Petersilie vermengen. Nun die abgespülten, abgetrockneten Auberginenscheiben in Mehl wälzen, in Öl ausbacken und schichtweise mit der Fleischmasse in eine feuerfeste irdene Form geben. Zuerst Auberginen,

dann Fülle, dann wieder Auberginen. Zuletzt Käse und Semmelbrösel. Mit Butterflöckchen bestecken und im mäßig heißen Ofen (200–250° C) eine halbe Stunde überbacken. Man reicht auf dem Balkan eisgekühlten Joghurt dazu!

Gebackene Auberginen mit griechischer Knoblauchsauce
Melidzanes tiganites me skordalia

4–5 handlange Auberginen, Salz, Zitronensaft, Mehl zum Einwälzen, Ausbacköl

Skordalia: 5–6 Knoblauchzehen, Salz, feingehackte Petersilie, 2 Eigelb, 1 Eßlöffel Semmelbrösel, 2 Eßlöffel geriebene Mandeln oder Walnüsse, 1/2–1 Tasse Olivenöl, 1 Eßlöffel Zitronensaft

Die Auberginen trocken abreiben, von Stiel und Blüte befreien, ungeschält der Länge nach in daumendicke Scheiben schneiden, mit Salz bestreuen und zum »Weinen« eine halbe Stunde beiseite stellen. Dann den gezogenen Saft abgießen, die Früchte unter dem Wasserhahn abspülen, abtrocknen, in Mehl wälzen und in heißem Öl schwimmend ausbacken.

Während die Auberginenscheiben weinen, wird die Knoblauchsauce bereitet: Im Porzellanmörser Knoblauchzehen mit Salz und gehackter Petersilie ganz fein zerreiben, das Zerriebene mit Eigelb schaumig rühren, Semmelbrösel und Mandeln oder Nüsse hinzufügen, dann tropfenweise, wie zur Mayonnaise, das Öl. Mit Zitronensaft abschmecken und die fertige Sauce über die heißen Auberginenscheiben gießen.

Blumenkohl

Blumenkohl, auch Karfiol genannt, war schon im Altertum bekannt, wurde im Vorderen Orient, insbesondere in Zypern, aus dem Krauskohl gezogen, kam im 16. Jahrhundert als *cavolfiore* nach Italien, aber erst im 17. Jahrhundert nach Deutschland, wo er in den Gärtnereien Erfurts und Frankens eine vorzügliche Veredelung erfuhr.

Guter Blumenkohl ist weiß und fest geschlossen. Er muß von allen Blättern befreit und vor dem Kochen in leicht mit Essig gesäuertes Salzwasser gelegt werden, damit etwaige Einwohner wie Raupen und Blattläuse das Weite suchen.

Die bei uns häufigste Art der Zubereitung: den Blumenkohl, ganz oder in Röschen zerteilt, zugedeckt zu kochen (damit er weiß bleibt), mit brauner Butter und Bröseln abzuschmelzen oder mit Eier-Béchamel- oder Mornaysauce zu übergießen und zumeist auch noch zu gratinieren.

Ausgebackener Blumenkohl nach Florentiner Art
Cavolfiore alla fiorentina

1 großer Blumenkohl, 1 Schuß Weinessig, Salzwasser, 1 Tasse Mehl, Salz, Pfeffer, Muskatnuß, 2 Eier, Olivenöl zum Ausbacken, Petersilie

Blumenkohl in Röschen teilen, in leicht gesäuertem Salzwasser 3–5 Minuten kochen, herausnehmen, abtropfen lassen, mit kaltem Wasser abschrecken. Mehl mit etwas Salz, Pfeffer, Muskatnuß vermischen. Eier mit dem Schaumbesen gut schaumig rühren und das Olivenöl in einem hohen Topf erhitzen. Nun den Blumenkohl: Röschen für Röschen zuerst in Mehl wälzen, dann in Ei tauchen und in siedendem Öl nicht länger als 2–3 Minuten goldgelb ausbacken. Auf Küchenkrepp entölen und sehr warm, mit feingehackter Petersilie bestreut, auftragen.
Cavolfiore fritto ist eine Beilage und auch Bestandteil des berühmten italienischen *fritto misto* (gebackenes Allerlei).

Eine Variante: Blumenkohl in Ausbackteig aus 1 Tasse Weißwein, 100–125 g Mehl, 1 Prise Salz, 1 Eßlöffel Öl, 2 Eischnee.

Blumenkohl nach polnischer Art

1 großer Blumenkohl, Salzwasser, 50 g Butter, 75–100 g magerer Räucherspeck, 3 hartgekochte Eier, feingehackte Petersilie

Vom gut gesäuberten Blumenkohl den Strunk soweit wie möglich herausschneiden. Den Blumenkohl ganz lassend in leicht gesalzenem Wasser nicht zu weich kochen. Mit zwei Seihlöffeln behutsam herausnehmen und gut abgetropft auf einer warmen Platte anrichten. Butter zerlassen, würflig geschnittenen Räucherspeck knusprig braten, die feingehackten Eier und die Petersilie beigeben, einmal umrühren und sofort über den Blumenkohl schütten. Mit gebackenen Kartoffeln eine ganze Mahlzeit.

NB. Ähnlich wird Blumenkohl (*Zwetucha*) auch in Rußland zubereitet; doch gießt man gerne noch eine halbe Tasse dicken sauren Rahm über das angerichtete heiße Gemüse.

Blumenkohl mit Käse nach Allgäuer Art

1 großer Blumenkohl, Salzwasser, 1 Eßlöffel Essig, 50 g Butter, ⅛ l Rahm oder Milch, 3–4 Eßlöffel geriebener Emmentaler, 2 Eigelb, Salz, Pfeffer, Muskatnuß, 1 Eßlöffel Zitronensaft, Butter für die Form

Blumenkohl in Röschen teilen, in leicht gesäuertem Salzwasser 5 Minuten kochen, herausnehmen, mit kaltem Wasser abschrecken und gut abtropfen lassen. Zerlassene, etwas ausgekühlte Butter abseits vom Feuer mit geriebenem Käse, Rahm und Eigelb gut verrühren und mit Salz, Pfeffer, Muskat und etwas Zitronensaft würzen. Die Blumenkohlröschen in eine gebutterte Form geben, mit der Käsesauce übergießen und im vorgeheizten Ofen 10–20 Minuten überbacken. Dazu Schinken oder Kasseler Rippchen.

Blumenkohl nach Art von Bologna
Cavolfiore bolognese

1 großer Blumenkohl, Salzwasser, 3 Eßlöffel Öl, 2 Knoblauchzehen, 1 Sträußchen Petersilie, 1 Eßlöffel Tomatenmark, 3 Eßlöffel Parmesankäse

Den gesäuberten, gewässerten Blumenkohl in Röschen teilen, 3–5 Minuten in kochendem Salzwasser blanchieren. In siedendem Öl die mit Petersilie verhackten Knoblauchzehen andünsten, Tomatenpüree (mit etwas Kochwasser verdünnt) beifügen und in dieser Sauce die abgegossenen, kalt abgeschreckten Blumenkohlröschen kurz gar machen. Mit geriebenem Parmesan bestreut auftragen. In Bologna als Beilage *(contorno)* zu Kalbskoteletts!

Blumenkohl in Knoblauchsauce (spanisch)
Coliflor al ajo

1 großer Blumenkohl, Salzwasser, etwas Weinessig

Knoblauchsauce: 6 Knoblauchzehen, 1 Prise Salz, 1 Prise Zucker, 2 Eigelb, 1 Tasse Olivenöl, Saft von 1/2 Zitrone

Den gesäuberten Blumenkohl mit einem Schuß Weinessig in Salzwasser nicht zu weich kochen. Knoblauchzehen mit Salz und Zucker im Porzellanmörser zu Brei zerstoßen, Eidotter (nicht aus dem Kühlschrank, bitte!) und tröpfchenweise das Öl unter ständigem Rühren hinzugeben, bis eine mayonnaiseartige, stark duftende Sauce entstanden ist. Mit Zitronensaft abschmecken und über den auf einer warmen Platte angerichteten Blumenkohl schütten. In Spanien ein *entremese,* ein Zwischengericht.

NB: Auf die gleiche Art bereiteter Blumenkohl ist in der Provence beliebt.

Blumenkohl mit Krabbensauce (norwegisch)
Blomkål med rekesos

1 großer Blumenkohl, Salzwasser, 40 g Butter, 1 Tasse Semmelbrösel, Salz, Pfeffer, Muskat, 1/4 l Milch, 1 Tasse Krabben, 1 Schuß Weinbrand, Petersilie

Geputzten Blumenkohl in Salzwasser nicht zu weich kochen. In Butter die Semmelbrösel leicht anrösten, mit Salz, Pfeffer, Muskatnuß würzen, mit Milch auffüllen und sämig kochen. Die Krabben nach Belieben ganz oder zerhackt untermischen und mit etwas Weinbrand parfümieren. Die Sauce über den auf einer heißen Platte angerichteten Blumenkohl gießen und mit feingehackter Petersilie bestreuen.

Bohnen

Bohnen waren schon im Altertum bekannt, doch aß man damals die weißen oder bunten Kerne, nicht die grünen Schoten. In Ägypten freilich galten Bohnen als unrein, die Priester durften sie nicht einmal ansehen. Im alten Rom waren sie »Totenfrucht«; man gab sie den Verstorbenen als Wegzehrung mit ins Grab.
Grüne Bohnen sind ein Beitrag Mittel- und Südamerikas an die Küchen der Welt. Vor Kolumbus gab es noch keine grünen Bohnen.

Stangenbohnen sind flach und haben (wie die Wachsbohnen) zuweilen noch Fäden, die abgezogen werden müssen, indes die runden Buschbohnen heute in vielen Sorten fast fadenfrei gezüchtet werden. Die zartesten und beliebtesten sind die kleinen Prinzeßbohnen *(haricots verts)*.
Feldbohnen oder Saubohnen, auch dicke oder Puffbohnen genannt, die aus Persien und von den Gestaden des Kaspischen Meeres stammen und dort noch wild wachsen, werden bei uns nur noch selten und dann meist als Viehfutter angebaut. In Italien, wo es Saubohnen schon enthülst zu kaufen gibt, aber auch in Rußland gelten sie als Leckerbissen. Die ganz jungen werden, nur mit etwas Salz bestreut, roh als Appetitbissen verpeist.

Grüne Bohnen sollten stets unbedeckt gekocht werden, damit sie ihre schöne grüne Farbe nicht verlieren. Gesalzen werden sie erst kurz vor dem Anrichten.

Fisolen – Grüne Bohnen nach Wiener Art

1 kg grüne Bohnen, Kochwasser, Bohnenkraut, Salz, 50–60 g Butter, 2 Eßlöffel Semmelbrösel, feingehackte Petersilie

Bohnen waschen, an beiden Enden abschnippeln, nach Belieben ganz oder gebrochen (Wachsbohnen wie Spargel ganz lassen) mit einem Zweiglein Bohnenkraut in kochendes Wasser geben, nach 20–25 Minuten salzen. Kurz hernach abgießen, mit brauner Butter und gerösteten Semmelbröseln abschmelzen und, mit feingehackter Petersilie bestreut, heiß servieren.

Grüne Bohnen nach andalusischer Art
Judias verdes à la andaluza

1 kg grüne Bohnen, Kochwasser, Salz, 1–2 Eßlöffel Schweineschmalz oder Olivenöl, 1–2 Knoblauchzehen, 100 g roher Schinken oder Knoblauchwurst, 6 große Tomaten, Salz, Paprika, feingehackte Petersilie

Grüne Bohnen gebrochen in leicht gesalzenem Wasser 10 Minuten kochen, abgießen. Schweineschmalz oder Öl erhitzen, eine oder zwei Knoblauchzehen andünsten (nach Belieben wieder entfernen), den in dünne Streifen geschnittenen Schinken (oder Knoblauchwurst), die geschälten, kleingeschnittenen Tomaten und die abgetropften Bohnen beigeben und alles auf kleinem Feuer gar dünsten. Notfalls etwas Wasser zugießen. Mit Salz und Paprika würzen und, mit Petersilie bestreut, zu Tisch geben.

Prinzeßböhnchen nach provenzalischer Art
Haricots verts à la provençale

³/₄–1 kg Prinzeßbohnen, Kochwasser, Bohnenkraut, Thymian, Salz, 2–3 Eßlöffel Öl, 2 feingehackte Zwiebeln, 2 zerdrückte Knoblauchzehen, feingehackte Petersilie

Die Prinzeßbohnen mit kleinen Zweiglein Bohnenkraut und Thymian in kochendes Wasser geben, halb weich kochen, salzen. In heißem Öl feingehackte Zwiebeln und Knoblauchzehen andünsten, die abgegossenen Bohnen beigeben und auf kleinem Feuer gar dünsten. Mit Petersilie bestreut servieren.

Grüne Bohnen nach russischer Art
Seljonaja fassolj

1 kg Stangenbohnen, Salzwasser, Bohnenkraut, 30 g Butter, 1 Eßlöffel Mehl, ½ Tasse saurer Rahm, 100 g magerer Räucherspeck, feingehackte Petersilie

Die Bohnen von den Fäden befreien, fein schnipseln, in leicht gesalzenem Wasser mit einem Zweiglein Bohnenkraut weich kochen, auf einem Durchschlag abtropfen lassen. Aus Butter und Mehl eine lichte Einbrenne bereiten, mit etwas Kochwasser löschen und mit Rahm zu einer sämigen Sauce verfeinern. Die Bohnen hineingeben und gut durchschwenken. Mit rösch gerösteten Speckwürfeln übergießen und mit Petersilie bestreut anrichten. Dazu Heringsfilets. Fast ebenso werden grüne Bohnen in Ostpreußen, Polen, Schlesien zubereitet.

Grüne Bohnen nach norddeutscher Art

750 g grüne Bohnen, Kochwasser, Salz, Bohnenkraut, 30 g Butter oder Pflanzenfett, 1 Eßlöffel Mehl, 300 g grobe Mettwurst, feingehackte Petersilie

Gebrochene Buschbohnen oder feingeschnippelte Stangenbohnen in wenig Wasser mit einem Sträußchen Bohnenkraut fast weich kochen, das Bohnenkraut entfernen und die Bohnen nach Geschmack salzen. Aus Butter und Mehl eine Einbrenne bereiten, mit dem Kochwasser auffüllen und die Bohnen sowie die in dicke Scheiben geschnittene Mettwurst in die Sauce geben. Zehn Minuten ziehen, aber nicht mehr kochen lassen. Mit Petersilie bestreut auftragen. Dazu Pell- oder Salzkartoffeln!

Grüne Bohnen nach alentejanischer Art
Feijao verde à alentejana

500 g Prinzeßbohnen oder Wachsbohnen, Salzwasser, Ausbacköl

Ausbackteig: 100 g Mehl, 2 Eier, 2 Eßlöffel Öl, Salz, Muskatnuß, etwas Wein

Bohnen ungebrochen in leicht gesalzenem Wasser halb weich kochen, gut abtropfen lassen. Einen dicklichen Ausbackteig aus Mehl, Eiern, Öl, Salz, Muskatnuß, notfalls etwas Wein bereiten und eine halbe Stunde rasten lassen. Die ausgekühlten Bohnen zu Bündeln von jeweils 5–6 schnüren, in Ausbackteig tauchen und schwimmend in siedendem Öl ausbacken. In Portugal eine beliebte Beilage zu gebratenem Fisch. Mit Tomatensauce ein Gang für sich.

Grüne Bohnen nach Florentiner Art
Fagiolini alla fiorentina

1 kg junge grüne Bohnen, Kochwasser, Salz, 4 Eßlöffel Olivenöl, 2 Knoblauchzehen, 3–4 Eßlöffel geriebener Parmesan

Junge grüne Bohnen ganz in kochendes Wasser geben, nach 20 Minuten salzen; wenn sie weich sind, abgießen, mit kochendem Öl, in dem Knoblauchzehen geröstet wurden, aber ohne diese übergießen, dick mit geriebenem Parmesankäse bestreut servieren.

Grüne Bohnen mit Tomaten (griechisch)
Fassolakia me domata

1 Tasse Olivenöl, 2 feingehackte Zwiebeln, 500 g geschälte Tomaten, 1 Eßlöffel Majoran (rigani), etwas frisches Basilikum, Salz, Paprika, $^{1}/_{2}$ Teelöffel Zucker, 1 Tasse Brühe oder Wasser, 1 kg grüne Bohnen, 4 Knoblauchzehen, feingehackte Petersilie

In heißem Olivenöl (einen Rest zurückbehalten!) die Zwiebeln glasig dünsten, die kleingeschnittenen Tomaten beigeben, mit Majoran, Basilikum, Salz, Paprika und Zucker würzen und weich kochen. Brühe oder Wasser angießen und in dieser Sauce die Bohnen auf kleinem Feuer weich dünsten. Kurz vor dem Anrichten Knoblauchzehen mit etwas Öl im Porzellanmörser fein zerdrücken, unter die Bohnen mischen und, mit Petersilie bestreut, warm oder kalt servieren.

NB: Ähnlich werden grüne Bohnen mit Tomaten in Portugal zubereitet *(feijao verde)*, doch säuert man sie vor dem Anrichten noch mit etwas Weinessig.

Grüne Bohnen auf israelische Art

1 kg grüne Bohnen, $^{1}/_{2}$ l Fleischbrühe, 1 Eßlöffel feingehacktes Bohnenkraut, 4 Birnen, 1 Teelöffel Zucker oder Honig, $^{1}/_{2}$ Zitrone (Saft und Schale), 1 kleine Stange Zimt, $^{1}/_{2}$ Teelöffel Pimentpulver, 20 g Butter, 1 Eßlöffel Mehl, 1 Glas Rotwein, 1 Eßlöffel geriebene Schokolade

Gebrochene Buschbohnen oder feingeschnipselte Stangenbohnen in einer gut gewürzten, fetten Fleischbrühe mit etwas Bohnenkraut 30 Minuten kochen lassen. Die geschälten, geviertelten Birnen hineingeben, mit Zucker oder Honig, Piment und Zitronensaft abschmecken. Stangenzimt und

Zitronenschale kurz mitkochen lassen, bis die Birnen gar sind, dann entfernen. Butter und Mehl hellbraun rösten, mit Rotwein löschen, mit etwas geriebener Schokolade verrühren und das Ganze unter die Bohnen mischen. Apart!

NB: Auch in Hamburg und an der Nordseeküste kocht man grüne Bohnen mit Birnen, schmelzt sie aber mit gerösteten Speckwürfeln ab und reicht gerösteten Bacon dazu.

Puffbohnen nach römischer Art
Fave alla romana

750 g enthülste Puffbohnen, 1 Eßlöffel Olivenöl, 1 feingehackte Zwiebel, 100 g magerer Räucherspeck, 1 Handvoll frische Salbeiblätter oder 1 Eßlöffel Origano, 2 Tassen Fleischbrühe, feingehackte Petersilie

Wichtig: Ganz junge Puffbohnen werden nur enthülst, größeren muß außerdem die weiße Haut abgezogen werden.
Eine feingehackte Zwiebel in heißem Öl andünsten, den gewürfelten mageren Speck beigeben, feingehackte Salbeiblätter oder Origano und darin die ausgehülsten Bohnenkerne schwenken, bis die glänzen. Dann Fleischbrühe aufgießen, den Deckel schließen und die Bohnen ganz langsam garen lassen. Mit Petersilie bestreut anrichten.

NP: Fast ebenso werden junge Puffbohnen *(fèvettes)* in Nizza zubereitet. Doch wird hier gerne ein Thymiansträußchen mitgedünstet, und die Bohnen werden mit Wein und Brühe (halb und halb) angegossen.

Puffbohnen nach andalusischer Art
Habas à la andaluza

3 Eßlöffel Öl oder 1 Eßlöffel Schweineschmalz, 1 feingehackte Zwiebel, 2 zerdrückte Knoblauchzehen, 100 g magerer Räucherspeck, 1 Eßlöffel Tomatenmark, 1 Eßlöffel Chilipulver (scharfer Paprika) 750 g Puffbohnen, 1 Tasse Fleischbrühe, 1 Tasse Weißwein

In siedendem Öl (Schweineschmalz) Zwiebel, Knoblauchzehen und feingewürfelten Räucherspeck anrösten, Tomatenmark, Chilipulver und die Bohnen beigeben und gut durchschwenken. Dann Wein und Fleischbrühe aufgießen, zudecken und alles auf kleinem Feuer garen lassen. Wer es weniger scharf mag, reduziert die angegebene Menge Chilipulver auf ein Viertel.

Saubohnen – Thüringer Art

1 kg enthülste junge Erfurter Puffbohnen, Salzwasser, 60 g Butter, feingehackte Petersilie, 1 Teelöffel feingehacktes Bohnenkraut oder Salbei, 1 Prise schwarzer Pfeffer, nach Belieben 1/2 bis 1 Tasse Rahm

Die enthülsten jungen Saubohnen, die nicht geschält zu werden brauchen, in Salzwasser weich kochen, abgießen, in zerlassener Butter mit feingehackter Petersilie und etwas feingehacktem Bohnenkraut schwenken. Zum Schluß und nach Belieben mit warmem süßem Rahm übergießen und auftragen. Dazu gekochter Schinken!

Saubohnen nach brasilianischer Art
Favas guisadas

750 g enthülste Saubohnen, Salzwasser, 2 Eßlöffel Olivenöl, 500 g Knoblauchwurst (chorizos), 2 feingehackte Zwiebeln, 2 feingehackte rote Pfefferschoten

Saubohnen in leichtem Salzwasser weich kochen, abgießen, abschrecken, die weißen Häutchen nach Möglichkeit abziehen. In Öl zuerst die Knoblauchwürstchen (wenn nicht zu haben: Nürnberger Schweinsbratwürstchen) gar braten und warm stellen. Im Fett der Pfanne Zwiebeln und entkernte, scharfe rote Pfefferschoten anrösten, die Puffbohnen dazugeben, gut durchschwenken und möglichst heiß, mit den Würstchen obenauf servieren.

Brokkoli

Brokkoli, auch Spargelkohl geheißen, gibt es jetzt, aus Italien eingeführt, auch auf unseren Gemüsemärkten. Das schmackhafte blumenkohlähnliche Gemüse hat aber keinen geschlossenen weißen Kopf, sondern an langen Rispen sitzende, doldenförmig sich ausbreitende, grasgrüne bis violett schimmernde Röschen. Auch die zarten Stengel und kleinen Blättchen sind eßbar. Brokkoli kommt meist schon geputzt und auf eine Länge von 10–15 cm zurechtgestutzt zu uns, wird kurz in Salzwasser gekocht und kann wie Blumenkohl zubereitet werden. In Rom ist das Ausbacken der gebrühten, dann in Ausbackteig (siehe Seite 35) getauchten Brokkolirispen besonders beliebt. Ebenso *Broccolli all'agro* – in Salzwasser gekocht und heiß mit Essig und Öl angemacht.

Brokkoli nach neapolitanischer Art
Broccoli alla neapoletana

500–750 g Brokkoli, Salzwasser, 4 Eßlöffel Olivenöl, 1 feingehackte Zwiebel, 1 Knoblauchzehe, 1 Eßlöffel Origano, 1 Eßlöffel Kapern, 4 Sardellenfilets, 1 Tasse frisches Tomatenpüree oder mit Brühe verdünntes Tomatenmark, feingehackte Petersilie

Brokkoli kurz in Salzwasser nicht zu weich kochen, abgießen, abtropfen lassen. In Olivenöl Zwiebeln und Knoblauchzehe anrösten (letztere kann, wenn man sie ganz läßt, wieder entfernt werden), Origano, Kapern, zerpflückte Sardellenfilets hinzufügen, Tomatensauce oder mit Brühe verdünntes Tomatenmark aufgießen und die Brokkoli in der Sauce warm werden lassen. Mit Petersilie bestreut servieren. Gut zu Lendenschnitten!

Brokkoli nach Tessiner Art

500–750 g Brokkoli, Salzwasser, 1 Eßlöffel Öl, Butter für die Form, Butterflöckchen

Mornay-Sauce: 30 g Butter, 1½ Eßlöffel Mehl, 2 Tassen Milch, Salz, Pfeffer, Muskat, 65 g geriebener Sbrinz (Schweizer Hartkäse), 2 Eigelb, 2 Eßlöffel Rahm

Brokkoli in Röschen teilen, in siedendem Salzwasser, dem ein Eßlöffel Öl beigegeben wurde, nicht zu weich kochen, abgießen. Aus Butter und Mehl eine lichte Einbrenne bereiten, mit etwas kaltem Wasser ablöschen, mit Milch auffüllen, mit Salz, Pfeffer und Muskat würzen und zu einer sämigen Sauce kochen. Abseits vom Feuer den geriebenen Sbrinz untermischen, zuletzt die mit Rahm verquirlten Eigelb. Die abgegossenen Brokkoliröschen in eine gebutterte feuerfeste Form geben, die Mornay-Sauce darübergießen, noch ein paar Butterflöckchen verteilen und kurz im vorgeheizten Ofen (250° C) gratinieren.

Chicorée

Die blau blühende Wegwarte ist die Urmutter des edlen Chicorée. Das Unkraut an Wiesenrändern und Böschungen wurde schon früh in der Heilkunde verwendet, bald auch angebaut und veredelt, hauptsächlich der Wurzeln wegen, die geröstet die berüchtigte Zichorie abgaben. Belgischen Gärtnern schließlich gelang die edle Züchtung Chicorée (dortzulande *endives* genannt), indem sie im Herbst die mit Zichorie besäten Beete, ähnlich den Spargelbeeten, hoch mit Erde bedeckten und im zeitigen Frühling die jungen weißen bis hellgrünen Triebe dann wie Spargel stachen.

Chicorée hat einen bitteren Kern, weshalb es sich empfiehlt, ein Stück am unteren Ende abzuschneiden, mit einem spitzen Messer behutsam auszuhöhlen und mit Zitronensaft zu beizen.

Wenn Kopfsalat auf dem Markte rar und teuer wird, nimmt Chicorée seinen Platz ein und gibt mit Orangen-Bananen-Apfel-Scheiben und einer Essig-Öl-Marinade oder Rahm-Zitronen-Sauce köstliche Salate ab. In seiner Heimat Belgien ißt man ihn auch gerne blank *(à la croque-au-sel)*, wie Radieschen oder Bleichsellerie, nur in Salz gestippt.

Chicorée nach Brüsseler Art
Les endives de Bruxelles

8 kleine Chicoréestangen, Butter für die Form, Salz, Zitronensaft, 2–3 Eßlöffel zerlassene Butter, 2 säuerliche Äpfel, 1 Teelöffel Zucker, 1 Tasse Rahm

Chicorée wie üblich vorbereiten (siehe oben), der Länge nach halbieren, in eine gebutterte Form schichten, salzen, mit etwas Zitronensaft netzen und mit flüssiger Butter übertröpfeln. Darüber eine Schicht dünne Apfelscheiben, Zucker, etwas Zitronensaft und schließlich den Rahm. Zudecken und im Ofen bei mäßiger Hitze (200° C) eine gute halbe Stunde schmoren lassen. In Belgien eine beliebte Beilage zu Schweinebraten. Mit trockenem Reis eine ganze Mahlzeit!

Chicorée nach flämischer Art
Les endives à la flamande

So liest man es auf französischen, wallonischen, flämischen und holländischen Speisekarten.

4–6 große Chicoréestangen, Saft von $^1/_2$ Zitrone, 40 g Butter, $^1/_2$ Tasse geriebener Käse, 4–6 Scheiben magerer gekochter Schinken

Sauce: 20 g Butter, 1 Eßlöffel Mehl, etwas Wasser, 2 dl Rahm oder Milch, Salz, Pfeffer, Muskat, 2 Eßlöffel geriebener Parmesan

Die äußeren schadhaften Blätter des Chicorée entfernen, ein Stück am Ende abschneiden und den inneren bitteren Kern kreisförmig herausschneiden. Mit Zitronensaft benetzen und in Butter bei schwacher Hitze nicht länger als 5 Minuten zugedeckt dünsten lassen. Die ausgekühlten Chicoréestangen in geriebenem Käse wälzen, mit je einer passenden Scheibe Schinken umwickeln, mit Holzspießchen feststecken und in einer leicht gefetteten, flachen feuerfesten Form eng aneinander schichten. Vorher hat man aus Butter und Mehl eine lichte Einbrenne bereitet, mit etwas Wasser gelöscht, mit Rahm oder Milch zu einer sämigen Sauce aufgefüllt und pikant mit Salz, Pfeffer und Muskatnuß abgeschmeckt. Nun noch den geriebenen Parmesan untergemischt, das Ganze über die Chicoréestangen geschüttet und im vorgeheizten Ofen bei guter Mittelhitze (250° C) 10–15 Minuten überbacken.

Chicorée nach normannischer Art
Endives braisées à la normande

6 Chicoréestangen, Saft von 1 Zitrone, 40–50 g Butter, Salz, Pfeffer, 2 Äpfel, 1 Glas Apfelwein

Chicorée wie üblich vorbereiten, der Länge nach halbieren, mit Zitronensaft netzen, in Butter leicht andünsten, mit Salz und Pfeffer würzen und in eine feuerfeste Form schichten. Darüber dünne Apfelscheiben breiten, bis zur halben Höhe Apfelwein *(cidre)* angießen, zudecken und im Ofen bei schwacher Hitze gar machen (40 Minuten). In der Form servieren!

Chicorée nach holländischer Art
Lofschotel

4–6 Chicoréestangen, Salzwasser, Saft von $^1/_2$ Zitrone, 4 bis 6 Scheiben Schinkenspeck, 4 hartgekochte Eier, 1 Prise Muskatnuß, $^1/_2$ Tasse geschmolzene Butter, feingehackte Petersilie

Chicoréestangen wie üblich vorbereiten, in mit Zitrone gesäuertem Salzwasser 10 Minuten kochen, abgießen, abtropfen lassen. Je eine Scheibe Schinkenspeck um die Stangen wickeln und eng aneinander in eine gebutterte feuerfeste Form schichten. Mit Muskatnuß würzen, mit halbierten Eiern umkränzen und die Butter darübergießen. Im Ofen 10 Minuten bei guter Hitze leicht überbräunen und mit Petersilie bestreut auftragen. Ebenso wird in Holland Bleichsellerie zubereitet.

Chicorée nach chinesischer Art

4 zarte Chicoréestangen, Saft von ¹/₂ Zitrone, 100 g frische Sojakeimlinge oder 1 kleine Dose, ¹/₂ Tasse Öl (Sesam- oder Olivenöl), 1–2 Eßlöffel Sojasauce, 1 Stückchen Sirupingwer

In Läden, die exotische Delikatessen führen, sind Sojakeimlinge zuweilen frisch zu haben. Eine kleine Dose ist aber ebenso gut. Und eingemachten Ingwer gibt es heute überall.
Chicorée wie üblich vorbereiten, dann in 1 cm kleine Ringe schneiden, mit Zitronensaft netzen und zusammen mit in kaltem Wasser gespülten und gut abgetropften Sojakeimlingen in siedendem Öl nur wenige Minuten schwenken (chinesisches Gemüse muß noch zum Beißen sein!). Mit Sojasauce würzen und mit feingehacktem Ingwer vollenden. Gut zu Schweinsfilet!

Chinakohl

Chinakohl ist erst seit kurzem auf unseren Märkten zu haben; ältere Kochbücher erwähnen die lattichartige Pflanze mit dem zarten, anisartigen Geschmack noch nicht. Anfangs aus den Mittelmeerländern eingeführt, wird Chinakohl mit Erfolg auch bei uns angebaut.

Chinakohl wird vorzugsweise frisch als Salat zubereitet, mit einer Essig-Öl-Marinade, auch gemischt mit anderen feingeraspelten Frischgemüsen oder mit Apfelsinen- oder Grapefruit-Schnitzchen.

Chinakohl chinesisch

500 g Chinakohl, 2–3 Eßlöffel Öl, 1 Knoblauchzehe, 200 g Schweinsfilet, 1–2 Eßlöffel Sojasauce, 2–3 Eßlöffel Sherry (statt Reiswein), 1 Tasse Ananaswürfel

Geputzten Chinakohl in 1 cm dünne Streifchen schneiden. In erhitztem Öl in der Pfanne zuerst die Knoblauchzehe anrösten und wieder entfernen. Das feingeschnezelte Schweinsfilet hineingeben, rasch wenden, bis es nicht mehr roh erscheint, die Kohlstreifen, Sojasauce und Sherry beifügen und die Pfanne bei guter Hitze schwenken. Nach 3–4 Minuten die Ananaswürfel untermischen und möglichst heiß servieren. Dazu trockenen Reis!

Chinakohl gedünstet nach belgischer Art

1 kg Chinakohl, 1 Eßlöffel geschmolzene Butter, 75 g geräucherter Magerspeck, 1 feingehackte Zwiebel, 5 Wacholderbeeren, $1/2$–1 Tasse Fleischbrühe, 3 Eßlöffel Rahm, evtl. 3 Eßlöffel geriebener Käse

Die Stauden von den schlechten äußeren Blättern befreien, kurz am unteren Ende stutzen und in fingerbreite Streifen schneiden. In Butter Speckwürfel und Zwiebel anrösten, den Chinakohl rasch darin schwenken, Wacholderbeeren und Fleischbrühe beigeben, zudecken und in wenigen Minuten weich dünsten. Mit Rahm übergießen, nach Belieben mit Käse bestreuen und servieren! Gut zu gekochtem Rindfleisch!

Endivie

auch Eskarol genannt, ist eine nahe Verwandte des Chicorée und wird bei uns meist als Salat zubereitet. Man verwendet nur die inneren gebleichten Blätter.

Als Gemüse wird die Endivie in Belgien und Holland wie Spinat oder Mangold zubereitet (siehe dort), in Frankreich wie Chicorée. Man dünstet die gebleichten Stauden in Butter, netzt sie mit Zitronensaft, bestreut sie mit geriebenem Käse und serviert Schinken dazu.

Zu den Abbildungen:
1. Gefüllte Paprikaschoten (Rezepte Seite 107 bis 113)
2. Gurken nach ungarischer Art (siehe Seite 66)
3. Grüne Erbsen mit Krabben nach schwedischer Art (Seite 54)
4. Lauch nach sizilianischer Art (Seite 98)

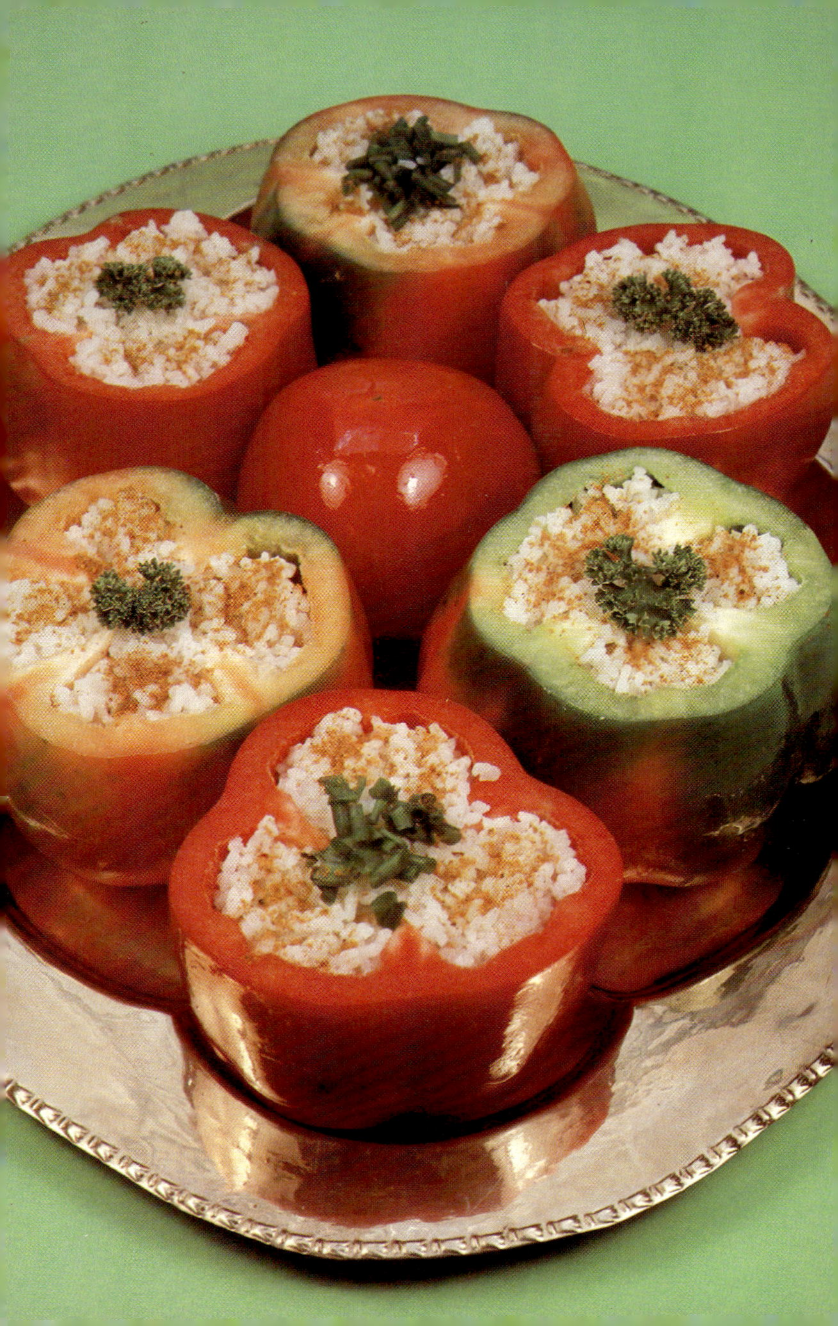

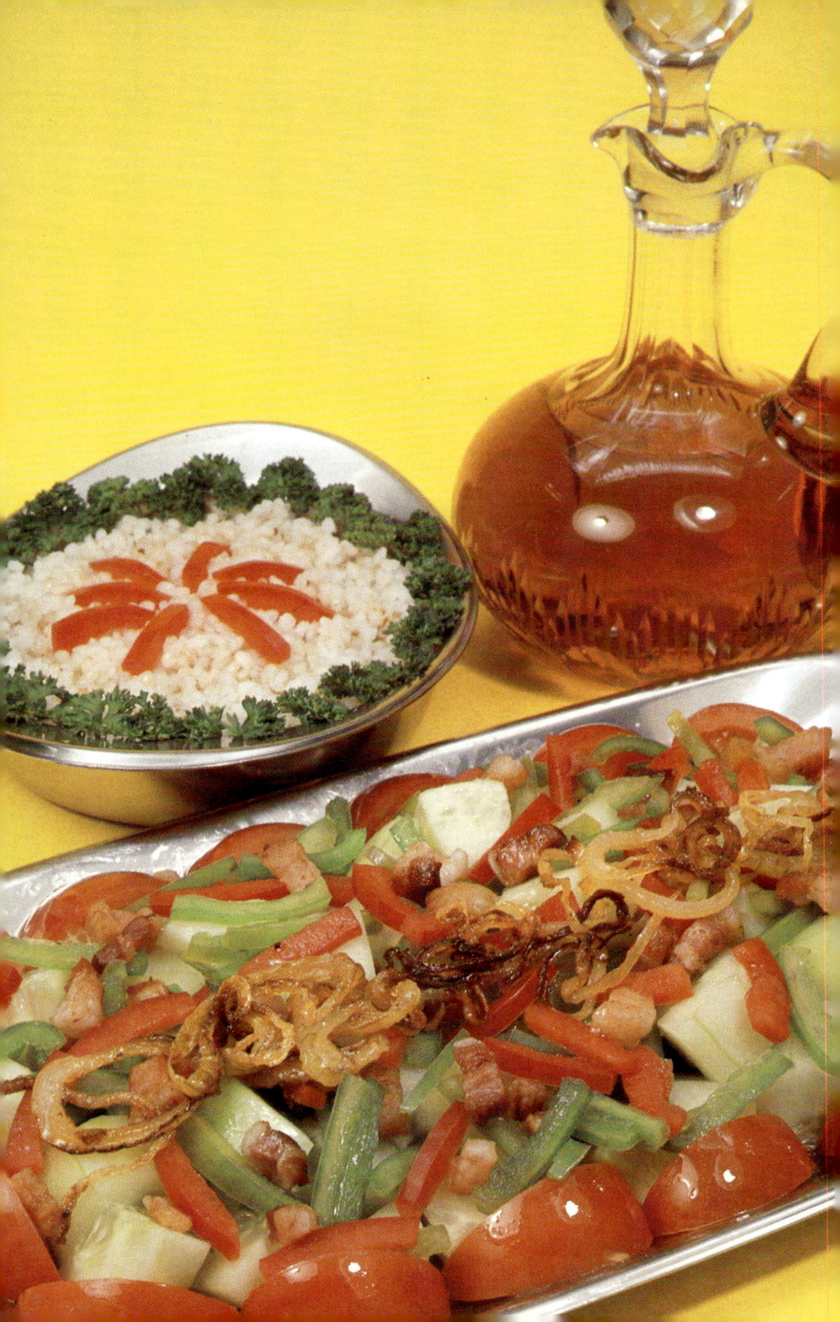

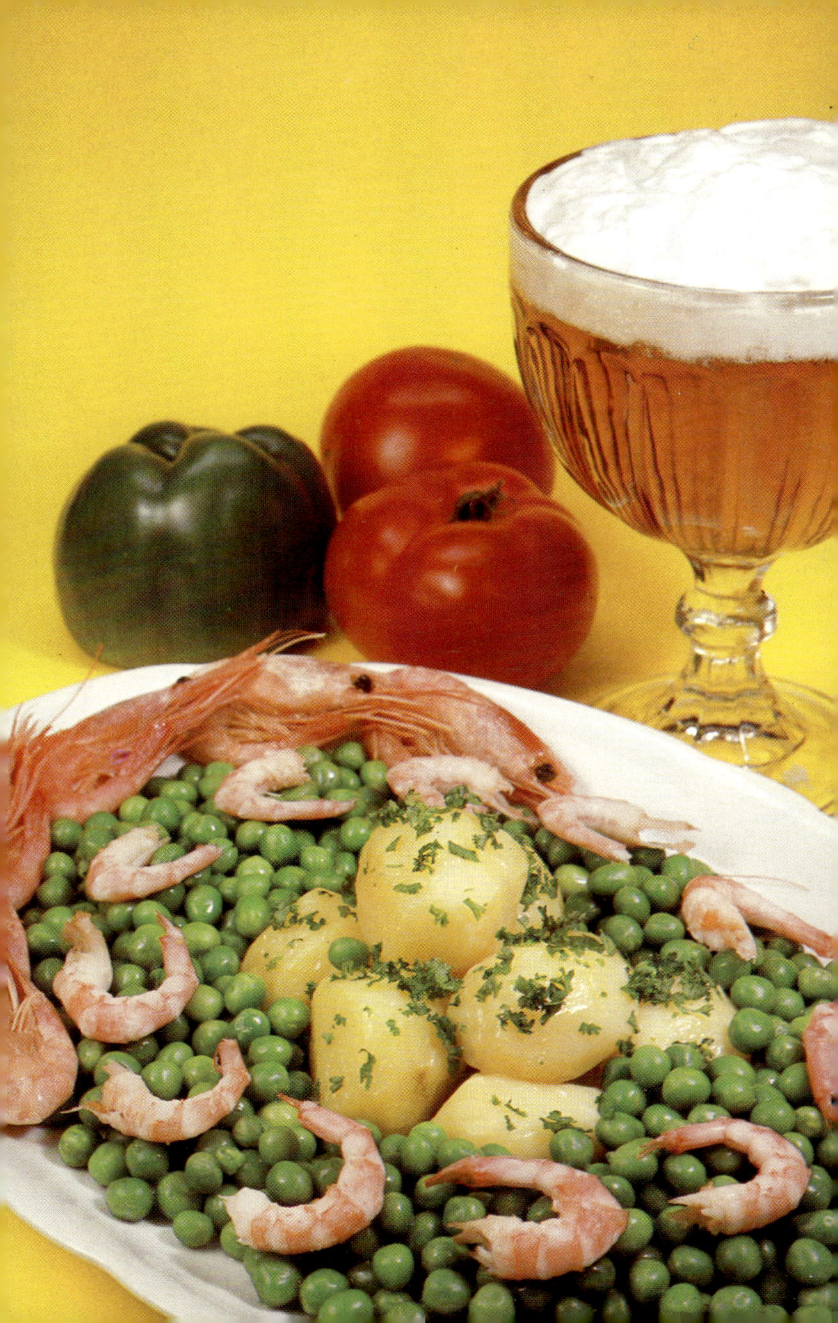

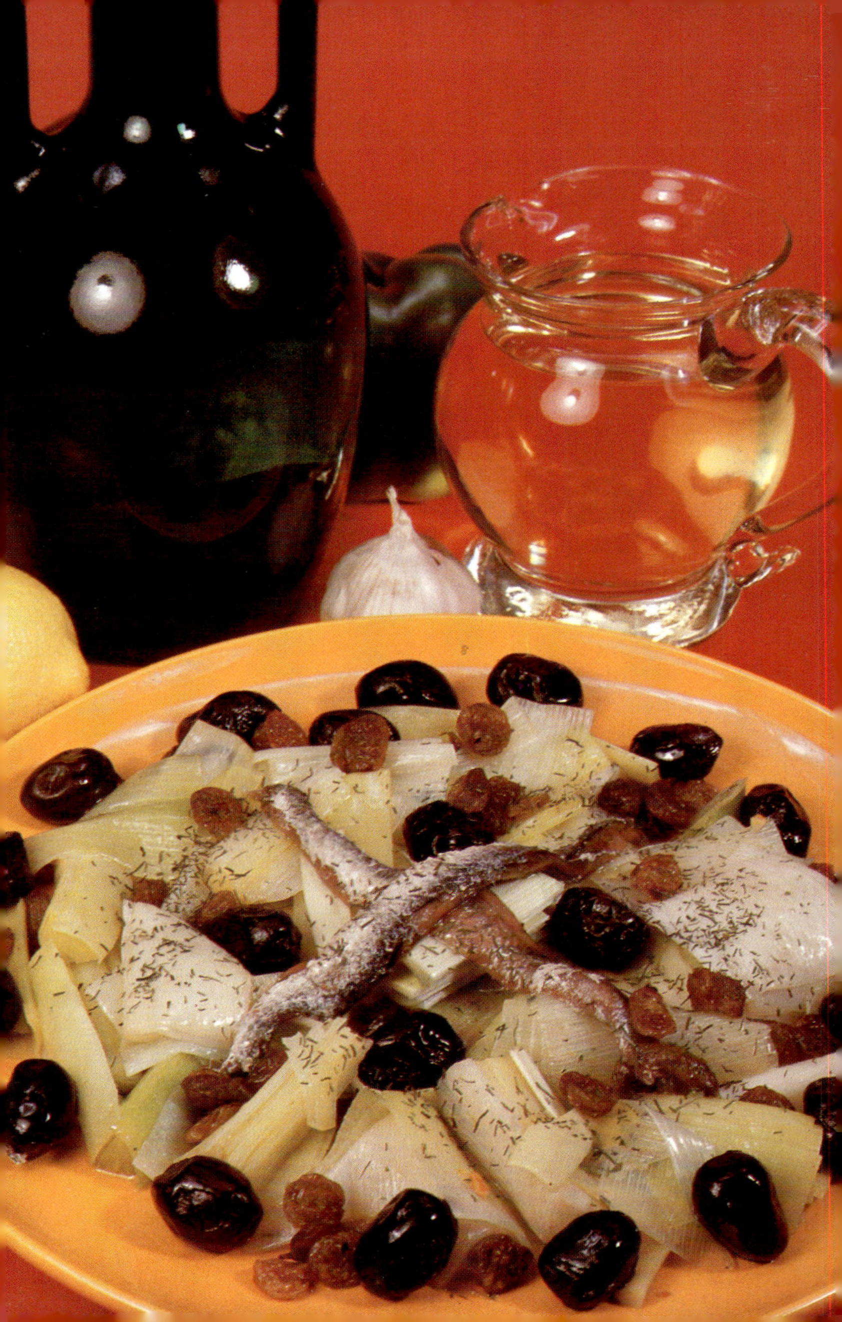

Junge grüne Erbsen

Hellas und Rom kannten nur getrocknete Erbsen; die zarten jungen Schoten gab man Pferden als Grünfutter, wuchsen sie doch im ganzen Mittelmeerraum wild. Richtig bekannt wurden junge grüne Erbsen erst am Hofe Ludwigs XIV., wo man, wie die königliche Mätresse Madame de Maintenon schrieb, »ganz toll darauf war« und selbst vor dem Schlafengehen noch ein Schüsselchen grüne Erbsen verzehrte. In Deutschland baut man Erbsen erst seit dem 17. Jahrhundert an.

Es gibt eine Unzahl von Sorten: Garten- und Felderbsen, die ersten zarten Primeurs, die Zuckererbsen, die man samt den Schoten kocht, die wohlschmeckenden englischen Markerbsen (*marrows*) und noch viele andere. In der Großstadt greift man heute meist in die Tiefkühltruhe. Und tatsächlich sind die von Konservenfabriken frisch eingefrorenen heute zu jeder Jahreszeit von ausgezeichneter Qualität und immer den eingedosten vorzuziehen. Grundsätzliches: In England werden Erbsen mit einem Sträußchen frischer Pfefferminze gekocht, mit geschmolzener Butter übergossen und mit Petersilie bestreut. In Flandern und Holland, in Österreich, Polen und Rußland kocht man Erbsen zusammen mit jungen Karotten und gibt eine weiße Mehlsauce oder eine Rahmsauce darüber. Hier wie dort sind Erbsen eine beliebte Beilage zu Steaks und Hackbraten.

Grüne Erbsen mit Krabben nach schwedischer Art
Ärter med raekor

500 g junge Erbsen, ¼ l Fleischbrühe, evtl. 1 Prise Salz, 1 Tasse Rahm, 1 Teelöffel Stärkemehl, 150–200 g geschälte Krabben, 1 Stückchen Butter, Dill, Petersilie

Sie gelten auch als Holsteiner oder pommersches Leibgericht! Erbsen in der Fleischbrühe bei kleiner Hitze weich dämpfen und falls notwendig mit Salz nachwürzen. Rahm mit Stärkemehl verquirlt darübergießen, einmal aufkochen lassen, dann die abgespülten Krabben behutsam untermischen und nicht mehr kochen lassen. Mit Petersilie und Dill bestreut und einem Stückchen Butter verfeinert, heiß auftragen. Mit jungen Kartoffeln ein köstliches Mahl!

Erbsen nach amerikanischer Art
Peas American style

1 Päckchen tiefgefrorene Erbsen, etwas Wasser, 1 Tasse Perlzwiebelchen, 200 g Champignons, 2 Eßlöffel Öl, 1 Eßlöffel Zitronensaft, Salz, Pfeffer, feingehackte Petersilie

Die tiefgefrorenen Erbsen mit einem Eßlöffel Wasser zum Kochen bringen, Perlzwiebeln beifügen und bei schwacher Hitze alle Flüssigkeit verdampfen lassen. Indes die geputzten, feinblätterig geschnittenen und mit Zitronensaft benetzten Champignons in Öl weich dämpfen, mit Salz und Pfeffer würzen, mit den Erbsen und Zwiebeln mischen und mit Petersilie bestreut heiß servieren. Zu Steaks!

Grüne Erbsen nach katalanischer Art
Guisantes verdes à la catalána

750 g Schoten oder 1 große Packung tiefgefrorene Erbsen, 2 Eßlöffel Schweineschmalz oder Olivenöl, 1 Zwiebel, 1 Knoblauchzehe, 1 kleine scharfe Pfefferschote, 500 g geschälte Tomaten, Salz, Petersilie

Die Erbsen aushülsen oder tiefgefrorene aus der Packung nehmen. In Schmalz oder Öl Zwiebel, Knoblauchzehe und eine kleine scharfe rote Pfefferschote, alles fein gehackt leicht anrösten, die geschälten, geviertelten und leicht ausgedrückten Tomaten beigeben und weich dünsten. In dieser dicklichen Sauce die Erbsen zugedeckt gar machen. Mit Salz abschmecken und mit Petersilie bestreut servieren. Als Zwischengericht oder als Beilage zu Schinken oder Hammelbraten.

NB: Die gleiche Zubereitungsart finden wir in den französischen Pyrenäen, wo man sie *petits pois à la basquaise* nennt. Auch in Neapel ist das Dünsten junger Erbsen in einer gut gewürzten Tomatensauce Tradition.

Erbsen mit Schinken nach Florentiner Art
Piselli con prosciutto alla fiorentina

1 geriebene Zwiebel, 2–3 Eßlöffel zerlassene Butter, 500 g junge Erbsen (oder tiefgefrorene), 1 Tasse Fleischbrühe, 100 g roher Schinken, feingehackte Petersilie, geröstete Weißbrotscheibchen

Eine feingehackte Zwiebel in zerlassener Butter andünsten, die Erbsen darin schwenken, bis sie ganz vom Fett überzogen sind, Fleischbrühe angießen und zugedeckt 15–20 Minuten dünsten. Dann den Deckel abnehmen, die Schinkenstreifen untermischen und die Flüssigkeit noch etwas verdampfen lassen. Mit Petersilie bestreut und umkränzt von gerösteten kleinen Weißbrotscheiben servieren.

Eine Variante: In Rom mischt man gegrillte kleine Aalstückchen unter die Erbsen.

Erbsen mit Reis und Schinken nach griechischer Art
Araka me risi ke sambon

1 Packung tiefgefrorene Erbsen, 2 Eßlöffel Öl, 1 Tasse dicke Tomatensauce, 100 g roher Schinken, 2 Tassen gekochter Reis, schwarzer Pfeffer aus der Mühle, feingehackte Petersilie, 2–3 Eßlöffel geriebener Käse

Tiefgefrorene Erbsen in heißes Öl geben. Wenn sie aufzutauen beginnen, mit einer würzigen Tomatensauce übergießen (siehe Seite 10), 15 Minuten auf schwachem Feuer dünsten. Behutsam Schinkenstreifen und Reis untermischen, nur gerade warm werden lassen, mit schwarzem Pfeffer aus der Mühle würzen, mit Petersilie und geriebenem Käse bestreuen und heiß servieren.

NB: In der Türkei werden Erbsen und kleine fette Hammelfleischwürfel zusammen in Tomatensauce gedünstet, bis alles weich ist, und erst zum Schluß wird gekochter trockener Reis untergemischt.

Eine portugiesische Variante: *Ervilhas com arroz.* Gekochte Erbsen werden mit gekochtem Reis und Schinkenstreifen gemischt, mit gerösteten Zwiebeln und Knoblauchzehen in eine gut gefettete feuerfeste Form gegeben, mit Salz, Pfeffer und Safran gewürzt, mit vier verquirlten Eiern übergossen und 15 Minuten im heißen Ofen gratiniert.

Grüne Erbsen nach sizilianischer Art
Piselli alla siciliana

1 Päckchen tiefgefrorene Erbsen, 1 Zwiebel, 1 Sträußchen Petersilie, etwas frisches Basilikum, 3 geschälte Tomaten, 2–3 Eßlöffel Öl, 1/2 Tasse Wasser oder Brühe, Salz, Pfeffer, etwas Safranpulver, 100 g geröstete Pinienkerne

Die Erbsen aus der Packung nehmen. Zwiebel, Petersilie, Basilikum und geschälte, entkernte Tomaten (siehe Seite 10) werden zusammen auf dem Hackbrett ganz fein gewiegt. Dieses *battuto* wird dann in Öl angedünstet und mit wenig heißem Wasser oder Brühe aufgegossen. In der Kräutersauce müssen die Erbsen etwa 15 Minuten auf schwachem Feuer garen. Wenige Minuten vor dem Anrichten gibt man Salz, Pfeffer, Safran dazu, zum Schluß die gerösteten Pinienkerne. In Sizilien eine beliebte Beilage zu gegrilltem Thunfisch!

Grüne Erbsen nach Art der Madame Maintenon
Petits pois à la Maintenon

500 g frisch ausgehülste Erbsen oder 1 große Packung tiefgefrorene, 1 Kopfsalat, 50 g Butter, 1 Kräutersträußchen: Petersilie, Thymian, Estragon, Kerbel, 1/2 Tasse Wasser oder Brühe, Salz, Pfeffer, 1 Prise Zucker, 1/2 Tasse Rahm, 2 Eigelb, feingehackte Petersilie

Die frisch ausgehülsten oder tiefgefrorenen Erbsen in einen flachen Topf mit zerlassener Butter geben, in die Mitte ein festes Salatherz und ein Kräuterbündchen mit einem Faden umbunden, darüber wenig Wasser oder Brühe, Salz, Pfeffer, Zucker. Auf kleinem Feuer zugedeckt in 15–20 Minuten weich dünsten (tiefgefrorene brauchen nur knappe 10 Minuten). Das Salatherz herausnehmen, vierteln und warm halten, das Kräuterbündchen entfernen. Die Erbsen mit Rahm und verquirltem Eigelb übergießen, vom Feuer nehmen, um den Salat herum anrichten und mit feingehackter Petersilie bestreuen. Man ißt das Gericht wie alle Gemüse in Frankreich als Entrée, vor dem Fleischgang.

Erbsen mit Karotten und Spargel
(Leipziger Allerlei)

500 g junge Karotten, 500 g junge grüne Erbsen (oder 1 Päckchen tiefgefrorene), 250 g gekochter Spargel, 50–60 g Butter, 1/2 Tasse Rahm oder Milch, 1 Teelöffel Stärkemehl, feingehackte Kräuter: Petersilie, Dill, Schnittlauch

Junge kleine Karotten nicht schälen, nur gut abbürsten, Erbsen aushülsen oder tiefgefrorene aus der Packung nehmen. Beides in wenig Salzwasser, aber reichlich Butter in einem flachen Topf zugedeckt weich dünsten, bis das Wasser fast ganz verdampft ist. Separat gekochte 3–4 cm lange Spargelstückchen beigeben, den Rahm mit etwas Stärkemehl verquirlt darübergießen, umrühren und sogleich mit frischen Kräutern bestreut zu Tisch geben. Zu Steaks, Frikadellen oder Heringfilets!

Fenchel

Fenchel kannte man in Deutschland bis in unser Jahrhundert hinein nur als Medizin oder Gewürz. Man brühte die Samen zu Tee auf, das half und hilft noch heute als Hausmittel gegen allerhand Magenbeschwerden. In Süddeutschland gehören Fenchelsamen als Gewürz in und auf das gute Bauernbrot aus dem Holzkohlenofen.

Heimat des Fenchels ist der ganze Mittelmeerraum, wo das wild wachsende Distelgewächs zu zwiebelähnlichen, zarten weißen Knollen von anisartigem Geschmack veredelt wurde und von dorther als Gemüse auch auf unsere Märkte kommt.

Kleine Fenchelknollen können, roh in feine Scheiben gehobelt, als Salat gegessen werden – in einer Öl-Zitronen-Sauce, mit Weinbeeren oder Rosinen gemischt und mit dem zarten Fenchelgrün bestreut. Größere werden geviertelt oder in dicke Scheiben geschnitten, kurz überbrüht und in Butter gar gedämpft oder paniert und ausgebacken.

Fenchel nach sizilianischer Art
Finocchi alla siciliana

8 kleine zarte Fenchelknollen, Saft von ¹/₂ Zitrone, Salz, Pfeffer, Mehl zum Einwälzen, Öl zum Ausbacken, 100 g Mozzarella (Büffelkäse), 3 Eßlöffel Parmesan, 1 Tasse dicke Tomatensauce, Origano, Basilikum, Butterflöckchen

Die schadhaften äußeren Deckblätter und die untere Wurzelscheibe der Knollen entfernen, ebenso die langen Stiele (das Fenchelgrün aber aufheben). In fingerdicke Scheiben schneiden, diese mit Zitronensaft netzen, mit Salz und Pfeffer würzen, in Mehl wälzen und in heißem Olivenöl, unter einmaligem Wenden, goldgelb ausbacken. Nun eine feuerfeste Form mit der Hälfte der gebackenen Fenchelscheiben auslegen, darüber das feingehackte Fenchelgrün und den in feine Scheibchen geschnittenen Mozzarella-Käse (wenn nicht zu haben: frischen Sahnequark), dann wieder Fenchelscheiben. Darüber gut mit Origano und Basilikum gewürzte Tomatensauce (siehe Seite 10, Tomatenmark mit Wasser verdünnt und mit den Kräutern gewürzt tut es notfalls auch!), geriebenen Parmesan und Butterflöckchen. Und das Ganze bei mäßiger Hitze (200 bis 250° C) 15–20 Minuten im Ofen gratinieren lassen. Mit Weißbrot eine ganze Mahlzeit!

Fenchel nach provenzalischer Art
Fenouil à la provençale

6 schöne Fenchelknollen, Salzwasser, Saft von ¹/₂ Zitrone

Sauce (Pissala): 4 Knoblauchzehen, 4 Sardellenfilets, 1 Eßlöffel Kapern, 2–3 entsteinte schwarze Oliven, 1 Prise Pfeffer, 1 Eßlöffel Weinessig, 4 Eßlöffel Olivenöl

Die von den äußeren schadhaften Blättern befreiten und an den langen Stielen gestutzten Knollen in Viertel schneiden, in

Salzwasser kurz aufwallen lassen (3–5 Minuten), abgießen, gut abtropfen lassen. Hierauf mit Zitronensaft netzen, mit dem feingehackten frischen Fenchelgrün bestreuen und warm oder kalt mit der nachstehend beschriebenen Sauce servieren: Knoblauchzehen, Sardellenfilets, Kapern, Oliven und Pfeffer im Porzellanmörser zu einer feinen Paste zerstoßen (Mixer!), mit Essig und Öl verrühren und auf vier kleine Schälchen verteilen. Jeder nimmt sich seinen Teil Fenchel, tunkt die Viertel in die würzige Pissala und verspeist sie wie Radieschen. In Südfrankreich mit Stangenbrot ein beliebter Imbiß, aber auch eine begehrte Beilage zu gekochtem Fisch.

Fenchel gratiniert nach Genfer Art
Fenouil au gratin

6 Fenchelknollen, Salzwasser, 1 Eßlöffel Zitronensaft, Butter für die Form, 100 g gekochter Schinken

Béchamelsauce: 50 g Butter, 1–2 Eßlöffel Mehl, 1 Tasse Rahm, Salz, Pfeffer, Muskat, 2 Eigelb, 2 Handvoll geriebener Greyerzer oder Emmentaler, Butterflöckchen

Fenchel wie üblich putzen, in fingerdicke Scheiben schneiden, mit Zitronensaft in Salzwasser einmal aufkochen und auf einem Sieb gut abtropfen lassen. Eine Lage Fenchelscheiben in eine gebutterte Form schichten, mit Schinkenstreifen belegen, mit frischem Fenchelgrün bestreuen und mit den restlichen Fenchelscheiben abdecken. Zur Sauce läßt man Mehl in Butter anschwitzen, löscht unter Rühren mit etwas Fenchelbrühe, füllt mit Rahm auf, würzt mit Salz, Pfeffer, geriebenem Muskat, rührt abseits vom Feuer noch ein oder zwei Eigelb unter und schüttet die Sauce in die gefüllte Form. Obenauf wird Käse gestreut. Noch ein paar Butterflöckchen, und das Ganze etwa 20 Minuten im heißen Ofen (250° C) gratiniert!

Grünkohl

Grünkohl, auch Krauskohl oder Braunkohl genannt, gehört zu den Lieblingsgerichten der Hanseaten und aller nordischen Länder. Im Süden, z. B. im Mittelmeergebiet, ist er fast unbekannt. Was nicht zu verwundern, ist er doch erst nach den ersten starken Frösten genießbar. Heute gibt es Grünkohl zu allen Jahreszeiten kochfertig aus der Tiefkühltruhe. Aber etwas ist der rassige Kohl selbst im Norden aus der Mode, bedarf er doch reichlich Fett zur Zubereitung. Außerdem gehört auch noch fette Mettwurst und Rauch- oder Pökelfleisch dazu.

Grünkohl nach flämischer Art
Chou frisé à la flamande

1–1½ kg Grünkohl, Salzwasser, 150 g Butter oder 100 g Gänseschmalz, 1 Tasse Semmelbrösel, 1 Tasse Fleischbrühe, ¼ l Rahm, Salz, Pfeffer, ½ Teelöffel Muskatnuß

Die krausen Blätter des Kohls von den Rippen streifen, sehr gut waschen, 20 Minuten in Salzwasser kochen, abgießen, ausdrücken und fein hacken. Statt der in Norddeutschland üblichen Einbrenne Semmelbrösel in Butter oder Gänseschmalz anrösten, den Grünkohl und die Fleischbrühe beigeben und unter ständigem Rühren bei kleiner Hitze weitere 20 Minuten dünsten. Schließlich den Rahm aufgießen, mit Salz, Pfeffer, geriebener Muskatnuß würzen und bei kleiner Hitze gar dämpfen.
Mit gerösteten Kastanien eine ganze Mahlzeit! Doch gesellt sich hier wie in Dänemark und Schweden noch eine mitgekochte gepökelte Gänsebrust zum üppigen Gemüse.

Grünkohl nach Bremer Art

1–1½ kg Grünkohl, Salzwasser, 2–3 Eßlöffel Schweine- oder Gänseschmalz, 2 feingehackte Zwiebeln, ¼ l Fleischbrühe, Salz, Pfeffer, ½ Teelöffel Piment, ½ Teelöffel Muskat, ½ Eßlöffel Mehl, 400 g grobe Mettwurst

Den Grünkohl von den Rippen streifen, sorgfältig waschen und 5 Minuten in siedendem Salzwasser blanchieren. Abgießen, gut abtropfen lassen und mit dem Wiegemesser möglichst fein hacken (Mixer). In zerlassenem Fett die feingehackten Zwiebeln glasig dünsten, den Grünkohl dazugeben, Fleischbrühe aufgießen, mit Salz, Pfeffer, Piment und Muskat abschmecken und bei kleiner Hitze unter öfterem Umrühren in etwa 45 Minuten gar schmoren. Nach Belieben mit wenig Mehl bestäuben. Dicke Scheiben Mettwurst vervollständigen das deftige Gericht. Dazu Pellkartoffeln!

Gurken

Abbildungen von langen Gurken, wir würden sie als Schlangen- oder Salatgurken bezeichnen, finden sich schon auf altägyptischen Grabbildern. Griechen und Römer lernten sie von den Arabern kennen. Kaiser Tiberius war ein leidenschaftlicher Gurkenesser; er ließ sie selbst winters in Treibhäusern ziehen. Und die römischen Damen benutzten Gurken als Schönheitsmittel, wie das noch heute geschieht.

Es gibt unzählige Sorten: große dicke Feld- oder Schmorgurken, kleine kernig feste, die man als Delikateß- oder Salzgurken einlegt, würzige Cornichons für die Vorspeisentafel und schließlich die wohl beliebtesten, die langen veredelten holländischen Salatgurken, die fast keine Kerne mehr aufweisen. In der Küche des Balkans, in Rußland und Polen spielen Gurken (neben Kraut, Tomaten und Paprikaschoten) die allererste Rolle. Auf dem Balkan ist die Mischung: Gurken, Tomaten, Paprika (Zwiebeln und Knoblauch) vorherrschend. Und die russische Küche ist ohne Salzgurken überhaupt nicht denkbar. Der Westen: Frankreich, England, die Niederlande verwenden Gurken meist zu Salat.

Gurken in Joghurtsauce (griechisch)
Sadziki

4 handlange feste Freilandgurken, Salz, Pfeffer, 4 Knoblauchzehen, ¹/₂ Tasse feingewiegte Petersilie, ¹/₂ Tasse feingewiegter Dill, 2 Eßlöffel gehackte Pfefferminze, 1 Eigelb, 1 Eßlöffel Zitronensaft, 2–3 Eßlöffel Öl, 2–3 Becher Joghurt, 1 Handvoll grobgehackte Walnüsse

Die Gurken schälen, der Länge nach vierteln, entkernen, in dünne Scheibchen schneiden, mit Salz und Pfeffer bestreuen und eine Weile ziehen lassen. Knoblauch im Porzellanmörser sehr fein zerstoßen, mit den Kräutern und den leicht ausgedrückten Gurkenscheibchen mischen. Hierauf ein Eidotter mit Zitronensaft, Weinessig, Öl und Joghurt gut verquirlen (Mixquirl) und über Gurken und Kräuter gießen. Umrühren, kalt stellen, mit gehackten Walnüssen bestreut servieren. Ein beliebter Sommerimbiß in Griechenland und in der Türkei. Auch als Beilage zu Lamm am Spieß beliebt.

NB: In Bulgarien werden Gurken ähnlich zubereitet, nur mit etwas mehr Joghurt und Rahm. Man serviert die flüssige Speise, *tarator* genannt, mit Eisstückchen als sommerliche Suppe.

Gegrillte Gurken nach amerikanischer Art
Grilled cucumbers

4 handlange feste Freilandgurken, 2–3 Eßlöffel Öl, Salz, Pfeffer, 1 Teelöffel Ingwerpulver

Die Gurken schälen, halbieren, entkernen, gut mit Öl bepinseln und im Grill unter öfterem Benetzen mit Öl und einmaligem Wenden gar machen. Mit etwas Salz, Pfeffer und Ingwerpulver bestäuben und heiß zu gegrillten Steaks reichen.

Concombres à la mode des Antiques

Les Antiques sind zwei Ruinen der Römerzeit in der romantischen Felsengegend der Alpilles bei S. Rémy en Provence, wo Tartarin de Tarascon seine phantastischen Jagden auf Großwild erlebte – und außerdem ist es ein bekanntes Drei-Sterne-Restaurant der Provence.

1 Salatgurke, Salz, Pfeffer, Muskatnuß, 30–40 g Butter, $^1/_2$ Tasse Rahm, 1 Eßlöffel gehackte Petersilie, 2 Eßlöffel geriebener Käse, Butter für 4 Förmchen, 4 Eier, 4 kleine Trüffelscheibchen (Dose)

Die Gurken wie üblich schälen, entkernen, in Würfel schneiden und mit Salz, Pfeffer, Muskatnuß in Butter weich dünsten. Rahm aufgießen, etwas einkochen lassen, mit Petersilie und geriebenem Käse vermischen und auf vier gebutterte feuerfeste Förmchen verteilen. Je ein Ei aufschlagen und im Ofen stokken lassen. Mit einem kleinen Trüffelscheibchen als Krönchen auftragen. Ein *entremets!*

Gurken nach ungarischer Art
Uborka

1½ kg Freilandgurken, 2 Paprikaschoten, 5 geschälte Tomaten, 1 Eßlöffel Schweineschmalz oder 2 Eßlöffel Sonnenblumenöl, 1 Knoblauchzehe, 1 feingehackte Zwiebel, 65 g magerer Räucherspeck, Salz, Pfeffer, Paprika, 1 Tasse Kräuter: Petersilie, Dill, Estragon, Borretsch, Salbei, 2–3 Eßlöffel geriebener Käse

Man kann natürlich (z. B. als Beilage zu Hammelfleisch) Gurken auch ohne Tomaten und Paprikaschoten zubereiten, aber in Ungarn üblicher ist die Mischung: Gurken, Tomaten, Paprikaschoten.

Die Vorbereitungen: Gurken schälen, an beiden Enden ein wenig abschneiden, kosten, ob sie nicht bitter sind. Größere der Länge nach vierteln, mit einem silbernen Löffel von den Kernen befreien und in fingerdicke Stückchen schneiden. Kleine Gurken in nicht allzu dünne Scheibchen. Tomaten brühen, schälen, vierteln, leicht zwischen Daumen und Zeigefinger drücken, wodurch die Kerne entfernt werden. Und die Paprikaschoten halbieren, sorgfältig entkernen und in feine Streifchen schneiden. Im erhitzten Schweineschmalz oder Öl zuerst eine Knoblauchzehe anrösten und wieder entfernen. Im parfümierten Fett Zwiebel und Speckwürfel knusprig braten, das Gemüse beigeben und etwa 20 Minuten unter öfterem Rühren weich dünsten. Mit Salz, Pfeffer, edelsüßem Paprika abschmecken, mit reichlich frischen Kräutern, nach Belieben auch mit geriebenem Käse bestreut servieren. Dazu breite Nudeln oder Reis. Und ein paar Debreziner!

Gebackene Gurken nach schwedischer Art
Stekt gurkor

2 große Schlangengurken, 2 verquirlte Eier, 1 Eßlöffel Öl, 150 g feine Semmelbrösel, Salz, Pfeffer, Muskatnuß, Butter oder Fett zum Ausbacken, feingehackte Petersilie

Die Vorbereitungen: Gurken schälen, vierteln, entkernen, in fingerlange Streifen schneiden. Eier mit Öl verquirlen und die durch ein Sieb passierten Semmelbrösel mit Salz, Pfeffer und Muskat vermischen. Nun die Gurkenstreifen, Stück für Stück, in Ei tauchen, in den gewürzten Bröseln wälzen und in Butter oder Fett in der Pfanne goldgelb ausbacken. Mit Petersilie bestreut zu Tisch geben. Als Beilage zu Fisch oder Steaks.

Gurken mit Petersilie nach flämischer Art
Concombres persillés à la flamande

2 große Salatgurken, 30 g Butter, Salz, Pfeffer, Muskatnuß, 1/2 Teelöffel Zucker, 1/2 Tasse Rahm, reichlich feingehackte Petersilie, Dill

Gurken schälen, kosten, ob sie nicht bitter sind, falls notwendig entkernen und in 1/2 cm dicke Scheiben schneiden. In heißer Butter 10 Minuten bei offenem Topf weich dünsten, mit Salz, Pfeffer, Muskat und wenig Zucker würzen. Zuletzt den Rahm aufgießen, ein wenig einkochen lassen und, mit viel frisch gehackter Petersilie und etwas Dill vermischt, auftragen. Eine Beilage zu Kalbskoteletts oder Lammfleisch.

Eine Variante: *Gestoofde komkommers* – Gurken nach holländischer Art – werden ähnlich zubereitet, doch dickt man gerne die Rahmsauce mit etwas verrührtem Stärkemehl ein und schmeckt sie pikant mit etwas Weinessig ab.

Gurken nach indischer Art
Kheera Boortha

3–4 handlange Freilandgurken, Salzwasser, 1 feingehackte Zwiebel, 2 zerdrückte Knoblauchzehen, 1 Teelöffel Ingwerpulver, 1 Messerspitze Chilipulver, 1 Teelöffel grüner Pfeffer, 1 Teelöffel Salz, 1/2 Teelöffel Zucker, 2–3 Eßlöffel Öl, 2 Eßlöffel Zitronensaft, 1 Stück Sirupingwer

Gurken schälen, in Scheiben schneiden, 10 Minuten in Salzwasser kochen und auf ein Sieb zum Abtropfen geben. Zwiebel und Knoblauchzehen mit Ingwer- und Chilipulver, grünem Pfeffer (ist eingelegt in unseren Delikateßläden zu haben), Salz und Zucker im Porzellanmörser sehr fein zerreiben. Gurken mit dem Wiegemesser fein wiegen und mit der Gewürzpaste mischen. Unter Rühren langsam Öl und Zitronensaft beifügen und mindestens zwei Stunden, kalt gestellt, durchziehen lassen. Zum Schluß den in feine Streifchen geschnittenen Ingwer untermischen. Eiskalt als Salat servieren – zu Reis oder *kooftahs* (kleinen Hammelfleischklößchen) oder *kabab* (Hammelfleischspießchen).

Gefüllte Gurken nach türkischer Art

werden wie gefüllte Auberginen zubereitet (siehe dort).

Gefüllte Gurken nach russischer Art
Farschirowanyje ogurzy

4 kleine Freilandgurken, Salz, Butter für die Form, 2 Tassen saurer Rahm, 1 Eßlöffel Zitronensaft

Fülle: 300 g gemischtes Hackfleisch, 1 feingehackte Zwiebel, 100 g feingehackte Steinpilze oder Champignons, 2 Eßlöffel Rahm, 1 Ei, Salz, Pfeffer, Paprika

Gurken schälen, halbieren, die Kerne auskratzen, mit Salz bestreuen und eine halbe Stunde stehen lassen. Inzwischen die Fülle aus Hackfleisch, feingehackten Steinpilzen oder Champignons, geriebener Zwiebel, Rahm und Ei, Salz, Pfeffer, Paprika sehr gut vermischen. Die Gurkenhälften abspülen, abtrocknen, mit der Farce füllen, die Hälften zusammenfügen und mit einem oder zwei kleinen Holzspießchen feststecken. In einer gebutterten feuerfesten Form anbraten, bis alle Flüssigkeit, die die Gurken ziehen, verdampft ist, dann den mit Zitronensaft gesäuerten Rahm aufgießen und im Ofen bei mäßiger Hitze weich schmoren lassen (ca. 30 Minuten). Mit Salzkartoffeln eine ganze Mahlzeit!

Gurkengemüse nach indonesischer Art

2 Schlangengurken, 1 Teelöffel Salz, 2–3 Eßlöffel Öl, ½ Teelöffel Zucker, 1 Teelöffel Ingwerpulver, 1 Teelöffel Paprika oder 1 feingehackte scharfe Pfefferschote, 1 Eßlöffel Sojasauce, 1 Schuß Reiswein oder Sherry, geröstete Sesamkerne oder Walnüsse zum Bestreuen

Gurken schälen, in dünne Scheibchen schneiden, mit Salz bestreuen und eine Weile ziehen lassen. Das Wasser abgießen und die Gurkenscheiben in Öl, unter Wenden, rasch weich dünsten, mit Zucker, Pfeffer, Ingwerpulver, Paprika oder einer feingehackten scharfen Pfefferschote und Sojasauce würzen, mit einem guten Schuß Reiswein oder Sherry verfeinern und mit gerösteten Sesamkernen oder grob gehackten Walnußkernen bestreut zur Reistafel servieren.

Schmorgurken auf deutsche Art

1 kg Schmorgurken, 50–60 g Butter oder Pflanzenfett, Salz, Pfeffer, ½ Tasse Rahm, nach Belieben 1 Eßlöffel Essig, feingehackte Kräuter: Petersilie, Dill, Borretsch

Dicke Schmorgurken schälen, vierteln, entkernen und in 2–3 cm lange Stückchen schneiden. In zerlassener Butter 10–15 Minuten dünsten, bis sie glasig sind. Mit Salz und Pfeffer würzen, mit Rahm übergießen und die Flüssigkeit noch kurze Zeit einschmoren lassen. Nach Belieben mit Essig pikant säuern. Mit reichlich frischen Kräutern bestreut heiß auftragen. In Berlin zu grünem Aal, in Süddeutschland zu Hammelbraten.

Karotten, Mohrrüben, Möhren

Sie gehören zu den bekömmlichsten und gesündesten Wurzelgemüsen. Sie enthalten Eiweiß, Fett, Stärke, Zucker, Pektin, Karotin (das im Darm in Vitamin A verwandelt wird) und die Vitamine B_1 und B_2. Nicht von ungefähr bilden Karotten als Brei oder Saft einen festen Bestandteil der Babynahrung. Karotten sind eine veredelte Zuchtform der vielerlei schon seit der Steinzeit bekannten Wurzelarten, die in Norddeutschland Möhren oder Mohrrüben, in Bayern aber gelbe Rüben genannt werden. Karotten sind kleiner und zarter und süßer als die üblichen Mohrrüben. Zu den feinsten Sorten gehören die sogenannten Pariser »primeurs«, die rund sind wie Radieschen, weder abgekratzt noch geschält werden müssen und nur wenige Minuten Garzeit benötigen. Oft werden die ersten jungen Karotten mit jungen grünen Erbsen und Spargelspitzen zusammen gedünstet. Von der weitverbreiteten alten Unsitte, das feine junge Gemüse mit einer Mehlsauce einzudicken, ist man heute glücklicherweise etwas abgekommen.

In England werden Karotten einfach in Salzwasser gekocht, abgegossen und mit frischer Butter gereicht. In Italien – je nach Landesteil – mit siedendem Öl oder mit rauchend heißer Butter übergossen und mit Weinessig pikant abgeschmeckt.

Karotten mit Honig nach chilenischer Art
Zanahorias al miel

800 g junge Karotten, Salzwasser, 3–4 Eßlöffel Honig, 1 Eßlöffel verriebener Origano (Majoran) oder 1 Eßlöffel frische Pfefferminze, 1–2 Eßlöffel Öl, ½ Tasse geriebener Käse

Dies ist im Seengebiet Chiles, wo es die besten Fische gibt, eine ebenso beliebte wie aparte Zuspeise zu Forellen.
Karotten putzen, in Salzwasser halb gar kochen. Dann Stück um Stück in flüssigen Honig tauchen, den man mit feingehacktem Majoran oder ebensolcher Pfefferminze vermischt hat. Die mit Honig überzogenen Karotten in eine geölte feuerfeste Form schichten, dick mit Käse bestreuen und im heißen Ofen gratinieren.

Karotten in Rahm
Carottes à la crème

750 g junge zarte Karotten, 40–50 g Butter, wenig Wasser oder Brühe, 1 Teelöffel Salz, 1 Messerspitze Zucker, ¼ l Rahm, feingehackte Petersilie

Die jungen Karotten unter fließendem Wasser gut abbürsten, Stiel und Ende abschneiden und, ohne zu schälen, mit der Butter in eine flache Kasserolle geben. Unter ständigem Schütteln und Bewegen des Topfes dünsten, bis alle Feuchtigkeit verdampft ist. Etwas Brühe oder Wasser aufgießen und die Karotten, zugedeckt, weich dünsten. Dann den Deckel abheben, Salz und Zucker, zuletzt den Rahm beigeben und unter gelegentlichem Rütteln warten, bis der Rahm sämig eingekocht ist. Mit reichlich Petersilie bestreut servieren. Zu Kalbssteaks oder Lammkoteletts.

Gut zu wissen: In Rußland, im Baltikum, in Skandinavien werden Karotten fast ebenso zubereitet, noch öfter aber mit jungen Erbsen, Spargelspitzen und Morcheln gemischt und mit jungen Pellkartoffeln zu Matjesfilets (in Skandinavien zu Krebsschwänzen) serviert. Oder zu rösch gebratenen Frikadellen.

Karotten nach elsässischer Art
Carottes alsaciennes

750 g Karotten oder Möhren, 2–3 Eßlöffel Gänseschmalz, ¼ l Fleischbrühe, Salz, Pfeffer, feingehackte Petersilie, feingehacktes Kerbelkraut

Kleine Karotten nur leicht unter fließendem Wasser abkratzen, Mohrrüben schälen, in Rädchen schneiden und in Gänseschmalz andünsten. Die Brühe aufgießen, mit Salz und Pfeffer abschmecken und, zugedeckt, weich dünsten. Die Flüssigkeit bei offenem Topf noch etwas verdampfen lassen und reich mit Petersilie und Kerbelkraut bestreut zu Schinken oder gepökelter Gänsebrust servieren.

Karotten oder Mohrrüben nach Mailänder Art
Carote alla milanese

750 g große Karotten oder Mohrrüben, Salzwasser, 40–50 g Butter, 1 Tasse Fleischbrühe, 1 Teelöffel Zucker, ½ Teelöffel Zimt, Saft von 1 Zitrone

Große Karotten oder Mohrrüben schälen, der Länge nach vierteln und 10 Minuten in Salzwasser nicht zu weich kochen und abgießen. Hierauf mit einem guten Stück Butter in der Kasserolle schwenken, die Fleischbrühe aufgießen und, wenn diese etwas verdampft ist, das Gemüse mit Zitronensaft säuern und mit Zimt und Zucker bestreuen.

Kohlrabi

Kohlrabi (auch Oberrübe genannt, weil die Knollen über der Erde wachsen und nur das verdickte Stengelende sind) ist seit dem 9. Jahrhundert in Mitteleuropa bekannt. Das Gemüse wird im Gesetzbuch Karls des Großen erwähnt, der den Anbau der *rava caulos* ausdrücklich befahl. Im 18. Jahrhundert heißt es in Amaranthes' Frauenlexicon: »Kohlrabi oder Caulisravi ist eine Art des Kohles, welche vor nicht gar vielen Jahren aus Italien in Teutschland gebracht worden...« Heute gilt Kohlrabi in der internationalen Küche als typisch deutsches Gemüse.

Nur die frühen zarten (grünen und violetten) Kohlrabi sind köstlich und überdies sehr gesund, da sie viel Karotin enthalten. Die späten Sorten werden leicht holzig und wurden in früheren Zeiten wie die berüchtigten Kohlrüben nur als Viehfutter gebraucht.

Bei der Zubereitung stets die zarten Herzblättchen mitverwenden; sie vor allem sind die Vitaminträger und geben den typischen Kohlrabigeschmack.

Gefüllte Kohlrabi Triestiner Art
Cavoli rape ripieni

8 junge zarte Kohlrabi, 150 g Wurstbrät, Salz, Pfeffer, Muskat, feingehackte Petersilie, 1 Eßlöffel Öl, 1 kleine Tasse Fleischbrühe, 1 Eßlöffel Semmelbrösel, 2 Eßlöffel geriebener Käse, Butterflöckchen

Junge Kohlrabi dünn schälen, behutsam aushöhlen. Das Herausgekratzte samt Herzblättchen fein hacken und mit dem Wurstbrät, etwas Fleischbrühe, Salz, Pfeffer, Muskat und Petersilie gut vermischen. In die Kohlrabikörbchen füllen. Diese in eine geölte feuerfeste Form geben, Brühe angießen und zugedeckt im Ofen bei geringer Hitze (180–200° C) weich dünsten. Die Flüssigkeit sollte nach Möglichkeit verdampfen. Zehn Minuten vor dem Auftragen mit Semmelbröseln und Reibkäse bestreuen, mit Butterflöckchen bestecken und bei guter Hitze goldgelb überkrusten lassen.
Andere Füllsel: Feingehackter roher Schinken, Zwiebel- und Kohlrabigehäcksel.

NB: In meinem Elternhaus im Baltikum wurden die ersten Kohlrabi mit einer Farce aus gedünstetem Kohlrabigehäcksel samt Herzblättchen und den ersten Morcheln gefüllt und in einer Sahnesauce weich gedämpft.

Gefüllte Kohlrabi nach ungarischer Art
Töltött karalábe

4 große zarte Kohlrabi, 1 Eßlöffel Schweineschmalz, 1–2 Eßlöffel Speckwürfel, 1 feingehackte Zwiebel, 125 g Champignons oder andere Pilze, Salz, Pfeffer, 1–2 Eßlöffel geriebener Käse, feingehackte Petersilie, 4 Scheiben magerer Räucherspeck

Kohlrabi schälen, behutsam aushöhlen und 5–10 Minuten in Salzwasser nicht zu weich kochen, herausnehmen, auskühlen lassen. In Schweineschmalz zuerst die Speckwürfel zerlassen, die Zwiebel glasig dünsten, die geputzten, gehackten Pilze und das ausgekratzte, feingehackte Kohlrabifleisch hinzufügen, mit Salz und Pfeffer würzen und langsam weich dünsten. Vom Feuer nehmen, geriebenen Käse zum Binden und feingehackte Petersilie untermischen. Diese Fülle in die Kohlrabi stopfen. Auf jede Knolle eine passende Scheibe mageren Räucherspeck setzen und in einer gefetteten feuerfesten Form im heißen Ofen backen, bis der Speck rösch und knusprig ist. Dazu Tomatensauce reichen (siehe Seite 10).

Kohlrabi nach elsässischer Art
Chou-rave à l'alsacienne

6–8 junge zarte Kohlrabi, 30 g Butter, 1 Tasse Fleischbrühe, Salz, Pfeffer, Muskat, nach Belieben etwas Rahm

Die jungen Kohlrabi dünn schälen (die holzigen Teile entfernen), in kleinfingerdicke Scheiben und diese in Stifte schneiden, die Herzblättchen fein hacken. Die Kohlrabistifte in Butter andünsten, mit Brühe begießen und, zugedeckt, 10–15 Minuten nicht zu weich dünsten. Ein paar Minuten vor dem Auftragen die Herzblättchen hinzufügen. Nach Belieben mit etwas Rahm verfeinern. Eine vorzügliche Beilage zu Schinken.

Kohl, Kraut, Weißkohl

Willst du beim Gastmahl tüchtig zechen und die Speisen mit Appetit verzehren, so mußt du zuvor rohen, in Essig eingelegten Kohl essen.

(Cato)

Kohl, Weißkohl (lat. caulus) wird in Süddeutschland Kraut, im Rheinischen Kabis oder Kappes genannt.

Schon die alten Römer kannten und bauten Weißkohl. Cato und Cicero priesen ihn, was oftmals literarisch belegt ist. Im Orient, in Asien aber war Kohl in alter Zeit so gut wie unbekannt. Zur Volksnahrung wurde Kohl im Mittelalter in Deutschland, in Ost- und Nordeuropa und besonders in Rußland, denn er war in der Vorratshaltung den ganzen langen Winter über zu haben. Auch legte man ihn bereits dazumal in Eichen- und Buchenfässern zu Sauerkraut ein.

Mannigfach sind die Zubereitungsarten, das leicht blähende Gemüse bekömmlicher zu machen. Und zahllos die Rezepte für Kohl als Eintopf- und Nationalgericht, als Beilage oder Salat. Als Beilage (zu Schinken, Bacon, Wurst, Gänse- und Schweinebraten) wird Kohl in Frankreich, im Elsaß, in Spanien und Portugal in Wein gedämpft, in Polen, Ungarn, im Baltikum und in Rußland in fetter Fleischbrühe oder Schinkensud, in Holland und in Dänemark sogar in Rahm.

Weinkraut auf bayerische Art

2 kg Weißkohl, 1 Eßlöffel Salz, 80–100 g Schweine- oder Gänseschmalz oder Pflanzenfett, 2 kleine Zwiebeln, 2 kleine Äpfel, 1 Glas Weißwein, 2 Eßlöffel Essig, 1 Teelöffel Zucker, 1 Teelöffel Kümmel, 3–4 Wacholderbeeren

Den geputzten, geviertelten, vom Strunk befreiten Kohlkopf recht fein hobeln. Das Feingehobelte mit Salz bestreuen und eine gute Weile ziehen lassen. Dann auspressen und mit feingehackten Zwiebeln und geschälten, stiftelig geschnittenen Äpfeln in heißes Fett geben. Kurze Zeit unter ständigem Rühren andünsten, dann Wein und Essig darübergießen, mit Zucker (notfalls noch mit etwas Salz), sowie Kümmel und Wacholderbeeren würzen und bei kleiner Hitze in geschlossenem Topf gar dünsten (ca. 45 Minuten). Zu Fasanenbraten, Rebhühnern, Gans, Ente und Schinken. Auch geschmorte Maronen passen dazu.

NB. Zum *Krautsalat* wird der feingehobelte Weißkohl nur kurz mit Salzwasser überbrüht, zum Abtropfen auf ein Sieb gegeben, schließlich mit Essig und Öl, Salz, Pfeffer und Kümmel angemacht. Wenn der Salat gut durchgezogen ist, gibt man rösch gebackene Baconwürfel darüber!

Weißkraut nach ungarischer Art
Paprikáskáposta

2 kg Weißkraut, Salzwasser, 1 Eßlöffel Schweine- oder Gänseschmalz, 1 feingehackte Zwiebel, 100 g geräucherter magerer Speck, 1 Eßlöffel edelsüßer Paprika, 2 Tassen Fleischbrühe

Das Kraut fein hobeln, mit Salzwasser überbrühen, abgießen und gut ausdrücken. In heißem Fett Zwiebel und Speckwürfel knusprig braten, das Kraut dazugeben und mit dem Holzlöffel wenden, bis es ganz vom Fett überglänzt ist. Paprika darüber und die Fleischbrühe und wieder das Unterste zuoberst kehren. Dann zudecken und auf kleinem Feuer weich schmoren. Eine beliebte Beilage zu Gans oder Ente und anderem Geflügel.

Weißkraut nach finnischer Art
Kaali

2 kg feingehobeltes Weißkraut, 150 g Butter, 2 Eßlöffel Zucker oder Rübensirup, 2–3 Tassen Fleischbrühe, 1 Teelöffel Salz, ½ Teelöffel Pfeffer

Kraut und Butter in einen großen Topf geben und rühren, bis das Kraut ganz von der Butter überglänzt ist. Zucker darüberstreuen (oder nach Belieben auch Zuckersirup, wie es in Finnland und Schweden der Brauch) und weiter bei kleiner Hitze rühren, bis das Kraut schön gebräunt und der Zucker karamelisiert ist. Jetzt die Brühe aufgießen, mit Salz und Pfeffer würzen und, zugedeckt, das Kraut weich dünsten. Eine Beilage zu Schweinefleisch. In Schweden mit Frikadellen ein beliebter Eintopf.

Weißkohl auf schwedische Art
Vitkål med äpplen

2 kg Weißkraut, Salzwasser, 3–4 säuerliche Äpfel, 40 g Butter oder Margarine, Salz, Pfeffer, 1 Teelöffel Kümmel, 1 Tasse Fleischbrühe, 1 Tasse Rahm, feingehackte Petersilie

Den geputzten, geviertelten, vom Strunk befreiten Kohlkopf fein schneiden, kurz mit Salzwasser überbrühen, abgießen, gut abtropfen lassen. Zusammen mit geschälten geviertelten Äpfeln in Butter oder Margarine andünsten, mit Salz, Pfeffer und Kümmel würzen, die Brühe aufgießen, zudecken und auf kleinem Feuer fast gar dünsten. Zehn Minuten vor dem

Anrichten den Rahm beifügen. Mit feingehackter Petersilie bestreut servieren, als Beilage zu Schinken und Schweinebraten.

Colcannon, irisches Nationalgericht

2 kg Weißkraut, Salzwasser, 1–1¹/₂ kg Kartoffeln, 30 g Butter, 1 Tasse Milch oder Rahm, Salz, 1 Tasse Griebenfett, 2–3 feingehackte Schalotten oder kleine weiße Zwiebeln, 150 g magerer Räucherspeck, 125 g frische Butter

Weißkraut fein hobeln, in Salzwasser 5–10 Minuten kochen, abgießen, gut abtropfen lassen. Kartoffeln schälen, kochen, zu Brei stampfen und mit Butter, Milch oder Rahm und Salz ganz flaumig schlagen. In einer großen Pfanne in heißem Griebenfett Schalotten oder Zwiebeln anrösten, die Speckwürfel dazugeben und, wenn diese rösch und knusprig, abwechselnd Kraut und Kartoffelbrei darüberbreiten. Nun heißt es fleißig rühren und wenden, bis alles schön durchgeröstet ist und hier und da braune Krüstchen aufweist. Das Gericht kommt in eine große flache Schüssel – in die Mitte, in eine eingedrückte Mulde, die frische Butter. Man ißt Colcannon nach alter irischer Sitte aus der gemeinsamen Schüssel: Jeder Tischgenosse löffelt das deftige Gericht vom Rand her, taucht seinen Löffel in die schmelzende Butter und führt ihn heiß zu Munde. Manchmal garniert man Colcannon noch mit knusprig gebackenen Baconscheiben. Und in Häusern mit heranwachsenden Töchtern wurde im Kraut- und Kartoffelberg ein Ringlein versteckt. Wer dieses erwischt – heiratet noch im gleichen Jahr. Bestimmt!

Gefüllter Kohl nach holländischer Art
Gevulde kool

1 großer lockerer Krautkopf, Salzwasser, 60–80 g Butter, 3 Eßlöffel geriebener Käse

Fülle: 500 g Hackfleisch (Rind und Schwein), 1 geweichte Semmel, 1 Ei, Salz, Pfeffer, Muskatnuß, 1 Tasse feingehackte Petersilie

Den geputzten Kohlkopf 10 Minuten in Salzwasser kochen, auf einem Durchschlag abtropfen und auskühlen lassen, dann behutsam in seine Blätter zerlegen. Auf eine große Serviette zuerst einige Kohlblätter breiten, darauf eine Schicht Fülle, die man aus Hackfleisch, einer geweichten und gut ausgedrückten Semmel, einem Ei, Salz, Pfeffer, Muskat und reichlich Petersilie gemischt hat, – dann wieder Kohlblätter und wieder Fülle, bis alles verbraucht ist. Die Enden der Serviette fest zusammenbinden und den Kohlkloß etwa 45–60 Minuten in Salzwasser sanft sieden lassen. Herausnehmen, etwas auskühlen lassen, die Serviettenenden aufknoten, in eine gut gebutterte feuerfeste Form stürzen, mit brauner Butter übergießen, mit Käse bestreuen und noch 10–15 Minuten im heißen Ofen gratinieren lassen.

NB: Auf die gleiche Weise wird in Holland Wirsing zubereitet.

Russisches Fastenkraut
Postnaja kapusta

1 großer Kohlkopf, Salzwasser, 2 Tassen Semmelbrösel, 125 g Butter, 3 Eßlöffel geriebener Käse, Salz, Pfeffer, 1 Teelöffel Kümmel, Butter für die Form, 3 Tassen saurer dicker Rahm, Butterflöckchen

Den geputzten Kohlkopf mit Salzwasser überbrühen und auf einem Durchschlag abtropfen und auskühlen lassen. Dann behutsam die Mitte aushöhlen, so daß ein topfartiges Gebilde entsteht. Das herausgeschnittene Kraut fein hacken, mit den in flüssiger Butter geweichten Semmelbröseln, geriebenem Käse, Salz, Pfeffer und Kümmel mischen und das Ganze in den ausgehöhlten Kohlkopf füllen. In eine gebutterte feuerfeste Form geben, mit saurem Rahm übergießen, mit Butterflöckchen bestecken und, zugedeckt, bei mäßiger Hitze im Ofen langsam garen lassen. In der strengen Fastenzeit gibt es dazu Kascha = Buchweizengrütze oder Blintschiki, kleine Pfannküchlein. In fetteren Zeiten: Würstchen, Schinken, gekochtes Rindfleisch.

Heißer Weißkrautsalat auf polnische Art

1 kg feingehobeltes Weißkraut, 2 Teelöffel Salz, 1/2 Tasse Essig, 1 Tasse Wasser, 1 Teelöffel Kümmel, 150 g magerer Räucherspeck

Weißkraut und Salz mit einem Holzstampfer tüchtig bearbeiten, bis es mürb ist. Über Dampf warm stellen. Essig und Wasser mit Kümmel aufkochen und über das Kraut schütten. Gut mischen und warm stellen, bis die Marinade eingezogen ist. Vor dem Anrichten die knusprig gerösteten Speckwürfel darübergeben. Zu Schweinebraten.

Gut zu wissen: In China wird Krautsalat ebenfalls zuerst mürb gestampft, dann mit heißem Sesamöl, Sojasauce und Essig übergossen und mit Koriander und feingehacktem eingelegtem Ingwer vermischt.

Gefüllter Kohl auf französische Art
Chou marronné

1 großer Weißkohlkopf, Salzwasser, 20–25 geschälte Maronen, 40 g Butter, Salz, 1 Teelöffel Zucker, 1/4–1/2 l Fleischbrühe, 1 Bouquet garni: Thymian, Petersilie, Lorbeer

Den geputzten, von den äußeren schadhaften Blättern befreiten Kohlkopf mit Salzwasser überbrühen, auf einem Durchschlag abtropfen und auskühlen lassen. Indes die geschälten Kastanien mit kochendem Wasser begießen und die braunen Häutchen abziehen. Die abgetrockneten Maronen mit Salz und

Zucker in heißer Butter von allen Seiten bräunen. Nun die Kohlblätter (beginnend bei den äußeren) behutsam auseinanderbiegen, das Herz herausschneiden (das Kraut kann fein gehobelt zu Salat verwendet werden) und durch die gerösteten Maronen ersetzen. Den Kohlkopf mit weißem Zwirn zu seiner ursprünglichen Form zusammenbinden und in Fleischbrühe über kleinem Feuer, bedeckt mit einem Kräutersträußchen (das später entfernt wird), langsam weich dünsten. Die Flüssigkeit soll fast ganz verdampfen. Dazu reicht man Bratwürstchen.

Gut zu wissen: In Grasse, dem Zentrum der französischen Parfümindustrie, liebt man gefüllten Kohl deftiger. Die Fülle ist hier eine gut gewürzte Mischung aus Wurstbrät, Zwiebeln, Knoblauchzehen, Sardellenfilets und Kräutern der Provence.

Kohl mit Sauce nach italienischer Art
Cavolo alla salsa

1½–2 kg Weißkohl, Salzwasser, ½ Tasse Olivenöl, 2 zerquetschte Knoblauchzehen, 150 g Schinkenwürfel, 1–2 Tassen Fleischbrühe, 3–4 Sardellenfilets, 1 Teelöffel Koriander oder Kümmel, Pfeffer

Die äußeren grünen Blätter des Kohls entfernen, den Kopf in Viertel schneiden. Die Viertel nach Entfernung des Strunks in Salzwasser 5–10 Minuten (sozusagen *al dente*) kochen, dann abgießen, ein wenig ausdrücken und mit dem Wiegemesser nicht allzu fein hacken. Das Gehackte mit zerquetschten Knoblauchzehen und Schinkenwürfeln in siedendes Öl geben. Gut umrühren, die Brühe aufgießen und auf kleinem Feuer etwas einkochen lassen. Zum Schluß werden Sardellenfilets mit Koriander oder Kümmel, Pfeffer und ein paar Tropfen Öl im Porzellanmörser ganz fein zerrieben, und diese pikante Paste wird unter das Kraut gemischt.

Übrigens bereiteten schon die alten Römer Weißkraut auf ähnliche Art (ohne Schinken). Die Sardellen ersetzten sie durch *garum*, die berüchtigte Fischlake der Antike.

Weißkraut auf französische Art
Chou au vin

2 kg Weißkohl, Salzwasser, 50 g Butter, Salz, Pfeffer, 1 Messerspitze Muskat, ½ l Weißwein, 1 Bouquet garni: je 1 Zweiglein Thymian, Petersilie und Lorbeer

Den geputzten Kohlkopf in Viertel schneiden, dabei Strunk und dicke Rippen entfernen und das Kraut in siedendem Salzwasser ein paar Minuten blanchieren. Abgießen, gut abtropfen lassen, am besten mit einem Tuch abtrocknen und grob hacken. Dann in Butter anschmoren, mit Salz, Pfeffer, Muskatnuß würzen, den Wein aufgießen, ein zusammengebundenes Kräutersträußchen, das später entfernt wird, obenauf legen und, zugedeckt, bei kleiner Hitze weich dünsten. Solcherart zubereitet ist Weinkraut in Frankreich die traditionelle Beilage zu Rebhühnern.

In Spanien und Portugal wird Weißkraut ähnlich zubereitet, doch mag man es hier fetter. Geräucherter magerer Speck oder Knoblauchwurst wird mitgedünstet, Weißwein oftmals durch Madeira ersetzt und das fertige Kraut mit Oliven und geschmorten Maronen garniert.

Kohlrouladen – in Bayern Krautwickel

1 großer lockerer Kohlkopf, 40–50 g Butter oder Pflanzenfett, etwas Mehl zum Einwälzen, 1 Eßlöffel Tomatenmark, ¼ l Fleischbrühe, nach Belieben 6–8 dünne Baconscheiben
Fülle: 300–400 g gemischtes Hackfleisch, 2 Eßlöffel Semmelbrösel, 3–4 Eßlöffel Kondensmilch, 1 Ei, 1 feingehackte Zwiebel, Salz, Pfeffer, 1 Teelöffel Kümmel, 2 Eßlöffel feingehackte Petersilie

Den geputzten Kohlkopf mit Salzwasser blanchieren, bis die Blätter sich leicht lösen lassen. Nach 10 Minuten das Wasser abgießen und die Kohlblätter auf einem Sieb gut abtropfen lassen. Inzwischen Semmelbrösel mit Kondensmilch (oder Milch) übergießen, unter Rühren ein Ei hineinschlagen, das Hackfleisch, die feingehackte Zwiebel, Salz, Pfeffer, Kümmel und Petersilie dazugeben und alles gut verkneten. Dann werden jeweils drei oder vier Kohlblätter mit einem guten Eßlöffel der Farce gefüllt, gut zusammengerollt und die Rouladen mit weißem Zwirn umbunden. Man wälzt sie leicht in Mehl, gibt sie in das erhitzte Fett, wendet einmal, übergießt mit Fleischbrühe, die man mit Tomatenmark verquirlt hat, deckt die Pfanne zu und läßt die Krautwickel bei schwacher Mittelhitze (200°) in etwa 45 Minuten im Ofen gar werden. Es empfiehlt sich, 10 Minuten vor dem Auftragen und bei gesteigerter Hitze dünne Baconscheiben auf den Kohlrouladen rösch und knusprig werden zu lassen. Dazu Salzkartoffeln!

Russische Kohlrouladen heißen Täubchen
Golubzy

1 großer lockerer Kohlkopf, Mehl zum Einwälzen, ½ Tasse flüssige Butter, 1 Tasse Fleischbrühe, 1 Tasse saurer Rahm

Fülle: 300–400 g Rindfleisch, 100 g Kalbsnierenfett, 1 geriebene Zwiebel, Salz, Pfeffer, 1 Teelöffel Kümmel, 2–3 Eßlöffel Brühe

Zuerst zur Fülle: Fleisch und Kalbsnierenfett zweimal durch die Maschine drehen, mit der geriebenen Zwiebel, Salz, Pfeffer und Kümmel vermischen und mit ein wenig Fleischbrühe geschmeidig rühren. Den geputzten Kohlkopf in Salzwasser blanchieren, bis sich die Blätter leicht lösen lassen. Jeweils zwei oder drei Blätter auf einem sauberen Tuch ausbreiten, einen Löffel Fülle in die Mitte geben und zu Rouladen formen. Diese leicht in Mehl wälzen, eng aneinander in eine feuerfeste Form ordnen, mit der flüssigen Butter begießen und ins vorgeheizte Rohr schieben. Nach und nach mit Fleischbrühe netzen

und, wenn die Täubchen sich zu bräunen beginnen, mit saurem Rahm übergießen und noch 10–15 Minuten im abgeschalteten Rohr ziehen lassen.
NB: In der Fastenzeit war die Fülle für Täubchen im alten Rußland Buchweizengrütze mit Steinpilzen.

Krautwickel auf jugoslawische, rumänische, bulgarische Art
Sarma, sarmale, sarmi

Das gesäuerte Kraut, das man hierzu benötigt, gibt es neuerdings eingedost auch in unseren Feinkostläden. Ich sah sogar ein ganzes Faß mit den großen sauren Kohlköpfen auf dem Münchner Viktualienmarkt.

1 große Dose eingesäuertes Kraut, 2 Tassen Fleischbrühe, 125 g magerer Räucherspeck, 1 Eßlöffel Tomatenmark

Fülle: 300 g Schweinefleisch, 300 g Rindfleisch, 3–4 Eßlöffel Reis, Salz, Pfeffer, 1 Teelöffel Paprika, 1 Teelöffel Kümmel, 2 Eßlöffel Schweineschmalz, 3–4 feingehackte Zwiebeln

Das im Ganzen gesäuerte Kraut aus der Dose nehmen, entblättern und die Blätter einzeln auf Küchenkrepp trocknen lassen (die Flüssigkeit aus der Dose nicht verwenden, weil sie zu sauer ist). Zur Fülle das Fleisch zweimal durch die Maschine drehen, mit dem gebrühten Reis, Salz, Pfeffer, Paprika, Kümmel und den in Schweineschmalz hellgelb gerösteten Zwiebeln gut mischen. Zuletzt etwas heiße Fleischbrühe dazugeben und alles wie einen Teig mit angefeuchteten Händen verkneten. Diesen löffelweise jeweils auf zwei oder drei Krautblätter geben, fest zusammenrollen und die Wickel eng aneinander in eine große Bratpfanne, auf eine Lage dünner Speckscheiben, schichten. Die Zwischenräume mit Krautabfällen ausfüllen, den Rest der Speckscheiben darüberbreiten, mit Brühe und verquirltem Tomatenmark angießen. Das Ganze mit einem passenden Deckel beschweren und bei schwacher Hitze (180° C) gut zwei Stunden im Ofen garen lassen. Je länger, desto besser, heißt es auf dem Balkan.

In Jugoslawien und Bulgarien serviert man das Gericht (es reicht für 6 Personen), wie es aus dem Ofen kommt. In Rumänien reicht man zuweilen noch *Mamaliga* dazu, einen dicken Maisbrei mit saurem Rahm.

Sauerkraut auf deutsche Art

500 g Sauerkraut, 2 kleine Äpfel, 1 Eßlöffel Schmalz, 1 feingehackte Zwiebel, 2 Lorbeerblätter, 6 Wacholderbeeren, Salz, 1 Teelöffel Zucker, 1/4 l Fleischbrühe

Das gewaschene Kraut auf einem Sieb gut abtropfen lassen. Die Äpfel schälen und in Viertel oder Achtel schneiden. In heißem Fett die Zwiebel glasig dünsten, Kraut und Äpfel dazu, Lorbeerblätter und Wacholderbeeren, Salz und Zucker. Mit Fleischbrühe aufgießen und zugedeckt gar dünsten (ca. 45 Minuten, im Schnellkochtopf ist das Kraut in 8–10 Minuten gar). Zu Schweinebraten, Schweinswürstchen, Schinken, Gans!

Sauerkraut auf amerikanische Art
Choucroute à l'américaine

Choucroute à l'américaine ist wahrscheinlich, wie die französische Bezeichnung verrät, französischen Ursprungs.

500 g Sauerkraut, 1 Eßlöffel Gänseschmalz oder 50 g Butter, 1 feingehackte Zwiebel, 2 Lorbeerblätter, Salz, 1 Teelöffel Zucker, 1/2 l herber Weißwein, 1 frische Ananas oder 1 kleine Dose

Das gewaschene Kraut auf einem Sieb ablaufen lassen, ausdrücken und mit Zwiebel und Lorbeerblätter in Gänseschmalz andünsten, mit Salz und Zucker würzen, mit Weinessig nach und nach aufgießen und weich dämpfen. Wenn es ganz besonders lukullisch sein soll, wählt man eine große frische Ananas, schneidet ihr oben einen Deckel ab (das Grün bitte zum Anfassen dran lassen!) und höhlt sie behutsam mit einem Kartoffelausstecher aus. Das fertige Sauerkraut wird mit den Ananasbällchen gemischt und in die Ananas gefüllt. Deckel drauf (das macht sich hübsch) und aufgetragen: zu Fasan, zu Gans, zu Rebhühnern, zum Festtagsbraten. Wochentags tut es auch kleingeschnittene Dosenananas! Das Sauerkraut schmeckt z. B. mit Schweinsbratwürstchen nicht weniger gut!

Russische Sauerkrautpfanne
Ssoljanka

750 g gekochtes Sauerkraut, 50–60 g Butter, 1 feingehackte Zwiebel, 1 Lorbeerblatt, 50 g geweichte Trockenpilze (Steinpilze), 250 g gekochter Schinken oder beliebige Bratenreste, 2 Salzgurken, 8 Wiener Würstchen, ¹/₂ Tasse dicker saurer Rahm, Butterflöckchen

Das beliebte Krautgericht wird in Moskau auch mit frischem Weißkraut bereitet, noch öfter aber mit Sauerkraut. Es ist schnell bereitet, wenn man gekochtes Sauerkraut vorrätig hat.
Das auf einem Durchschlag abgetropfte Sauerkraut mit Zwiebel, Lorbeerblatt und den gut vorgeweichten Trockenpilzen in zerlassener Butter schwenken, bis es schön überglänzt ist, mit dem Einweichwasser der Pilze übergießen und im offenen Topf etwas abdampfen lassen. In eine feuerfeste große Form eine Schicht Sauerkraut geben, darauf den in Streifen geschnittenen Schinken oder beliebige Bratenreste, dann die würfelig geschnittenen Salzgurken, die Wiener Würstchen (nach Belieben ganz oder zerteilt), obenauf das restliche Sauerkraut. Mit Rahm übergießen, mit Butterflöckchen bestecken und eine gute Viertelstunde im vorgeheizten Ofen (250° C) überbacken.

Kürbis

Hierzulande kennt man vor allem den runden gelben oder grünlich gestreiften Feldkürbis, der meist mit Zucker und Gewürzen zu süß-saurem Kompott eingekocht oder allenfalls noch zu Suppe bereitet wird. Als Gemüse wird Kürbis bei uns nur wenig verwendet.

Aber es gibt noch viele andere Arten: die kleinen gelben Eierkürbisse von melonenartigem Geschmack, die in Frankreich *courgettes* heißen, in Amerika *squash*, die englischen Mark-Kürbisse (*vegetable-marrows*), die italienischen *zucche*; in Südamerika und Afrika die Kalebassen, die flaschenförmigen Kürbisse, die dort heute noch als Trinkgefäße dienen, und schließlich die vielen kleinen Zierkürbisse, die nur ihres hübschen Aussehens wegen gezogen werden.

Gratinierte Eierkürbisse Nizza
Gratin de courgettes

3–4 kleine Eierkürbisse, Salzwasser, 40 g Butter, 1 Tasse Rahm, 3 Eier, Salz, Muskatnuß, 1 Tasse geriebener Käse, Butterflöckchen

Die Kürbisse halbieren, schälen, Kerne und schwammiges Innere entfernen, das feste Fleisch in Würfel schneiden und in wenig Salzwasser halb weich dämpfen. Die abgetropften Kürbiswürfel in eine gebutterte feuerfeste Form geben, mit einer Sauce aus Rahm, verquirlten Eiern, Salz, Muskatnuß und 1–2 Eßlöffeln geriebenem Käse übergießen. Den restlichen Käse darüberstreuen, mit Butterflöckchen bestecken und im heißen Ofen (250° C) in etwa 15 Minuten goldgelb gratinieren. Mit Stangenbrot ein Zwischengericht!

Kürbis nach amerikanischer Art
Baked pumpkin

1 beliebig großer gelber Kürbis, Salzwasser, Öl zum Bestreichen, gemahlener brauner Kandiszucker, etwas Ingwerpulver

Den Kürbis halbieren, schälen, Kerne und das weiche Innere entfernen; das feste Fleisch in daumendicke Stangen schneiden und für eine gute Stunde in kaltes Salzwasser legen. Dann abtrocknen, mit Öl bepinseln, mit wenig Ingwerpulver bestreuen, gemahlenen braunen Kandiszucker darüberstäuben und auf einem gefetteten Rost bei kleiner Hitze gar backen. Mit Ketchup ein Imbiß!

Kürbis mit Parmesan (italienisch)
Zucca alla parmigiana

1–1½ kg italienischer Kürbis, Salzwasser, 30 g Butter, 4 kleine Zwiebeln, 1 Handvoll frische Basilikumblättchen oder 1 Eßlöffel Origano, Salz, Pfeffer, 2 Eßlöffel flüssige Butter, 1 Tasse geriebener Parmesan

Festes Kürbisfleisch in Würfel schneiden, in Salzwasser *al dente* kochen (gerade noch zum Beißen), gut abtropfen lassen. Zwiebelringe in Butter goldgelb angehen lassen, zuletzt kurz die frischen Basilikumblättchen mitdünsten (wenn nicht zu haben, Origano darüberstreuen). In eine gebutterte Form eine Lage Kürbiswürfel geben, mit wenig Salz und Pfeffer bestreuen, darüber Zwiebelringe mit Basilikum oder Origano gewürzt, obenauf wieder Kürbiswürfel, etwas flüssige Butter und alles dick mit Parmesankäse bestreut. Im Ofen bei guter Hitze (250° C) 10–15 Minuten gratinieren lassen. Ein Abendgericht!

Kürbismus nach französischer Art
Purée de courgettes

Hierfür eignen sich die kleinen Eierkürbisse von melonenartigem Geschmack besonders gut. Die großen Feldkürbisse werden in Frankreich meist an das Vieh verfüttert.

1½ kg festes Kürbisfleisch, Salzwasser, 40–50 g Butter, 2 feingehackte Zwiebeln, Salz, Pfeffer, 1 Teelöffel Zucker, 1 Teelöffel Ingwerpulver, nach Belieben ½ Tasse Rahm, geröstete Mandelsplitter

Kürbisfleisch in Würfel schneiden, in wenig Salzwasser weich kochen, gut abtropfen lassen, dann durch ein Sieb streichen. In

Butter feingehackte Zwiebeln goldgelb anrösten, das Kürbismus dazugeben, mit Salz, Pfeffer, Zucker und Ingwerpulver abschmecken und unter Rühren noch etwas eindampfen lassen. Nach Belieben mit Rahm vollenden und mit gerösteten Mandelsplittern bestreuen. Eine beliebte Beilage zu Koteletts und anderen Pfannengerichten.

Kürbis nach portugiesischer Art
Abobora com tomates

1½ kg Kürbis, 500 g Tomaten, ½ Tasse Olivenöl, 2 feingehackte Zwiebeln, Salz, Pfeffer, Ingwerpulver, feingehackte Petersilie

Kürbis schälen, Kerne und das schwammige Innere entfernen, das feste Fleisch in Würfel schneiden. Tomaten schälen, vierteln, die Kerne leicht ausdrücken und ebenfalls kleinschneiden. In heißem Öl zuerst die Zwiebeln andünsten, dann die Tomaten beigeben, zuletzt die Kürbiswürfel unter gelegentlichem Umrühren in der Tomatensauce weich schmoren. Mit Salz, Pfeffer, Ingwerpulver abschmecken, mit feingehackter Petersilie bestreuen. Beilage zu Fleisch oder Fisch. Mit Knoblauchwurst ein ganzes Gericht.

Gefüllte Kürbisse nach spanischer Art
Calabacines rellenos

2 Eierkürbisse, Salzwasser, ½ Tasse Olivenöl, 1 feingehackte Zwiebel, 1 zerquetschte Knoblauchzehe, 500 g geschälte, entkernte Tomaten, 200 g gemischtes Hackfleisch, Salz, Paprika, feingehackte Petersilie, 4–6 gefüllte Oliven, Butter für die Form, 1 Tasse geriebener Käse, Butterflöckchen

Hierfür eignen sich nur die kleinen Eierkürbisse (je 250–300 g schwer), die jetzt auch auf unseren Märkten zu haben sind. Man halbiert sie der Länge nach, schält sie, entfernt Kerne und schwammiges Innere und kocht sie ganz kurz in siedendem Salzwasser (ca. 5 Minuten). Sie dürfen nicht zu weich werden und keinesfalls zerfallen. Während die Kürbisse, aus dem Wasser genommen, auf Küchenkrepp abtrocknen, dünstet man in heißem Olivenöl Zwiebel und Knoblauchzehe, gibt die geschälten, geviertelten und leicht ausgedrückten Tomaten hinzu und, wenn die Flüssigkeit fast ganz verdampft ist, das Hackfleisch. Man würzt mit Salz und Paprika und mischt abseits vom Feuer Petersilie und die in kleine Scheibchen geschnittenen Oliven unter. Die Fülle kommt in die abgetropften Kürbishälften, die man in einer gebutterten flachen Auflaufform aneinandergereiht hat. Reichlich Parmesan und Butterflöckchen darüber und im vorgeheizten Ofen (250° C) etwa 15 Minuten gratinieren.

Kürbis nach ungarischer Art
Tökfozelek

1 kg Kürbiswürfel, 2 Eßlöffel Schweineschmalz, 1–2 Eßlöffel Mehl, etwas Wasser, 2 dl Rahm, Salz, 1–2 Teelöffel edelsüßer Paprika

Aus Fett und Mehl eine lichte Einbrenne bereiten, mit Wasser ablöschen, mit Rahm zu einer sämigen Sauce verkochen und mit Salz und Paprika abschmecken. In dieser Sauce werden die Kürbiswürfel bei geringer Hitze ganz langsam weich gedünstet. (Vorsicht, sie liegen leicht am Topfboden an!) Zu Schweinekoteletts!

Lattich

*Der Salat von Zartheit und Geschmack wie eine Milch;
man begreift, warum ihn die Alten lactuca genannt haben.*
Goethe

Zu den Latticharten gehört auch unser Kopfsalat, der noch im Mittelalter nur unter der Bezeichnung Lattich bekannt war. Heute meinen wir mit Lattich die verschiedenen Salatpflanzen, die sich nicht zu festen Köpfen schließen, sondern deren lange schmale, meist glatte (aber auch leicht gekrauste) Blätter zum Bleichen zusammengebunden werden müssen. Auf unseren Märkten ist vor allem der eisenhaltige Römische Salat zu haben. Er eignet sich mehr als der zarte Kopfsalat zum Dünsten und für mancherlei Gemüsegerichte.

Lattich mit Schinken nach italienischer Art
Lattughe con prosciutto

2–3 Stauden Römischer Salat, 3–4 Eßlöffel Olivenöl, 2 Knoblauchzehen, 75–100 g roher Schinken, Salz, Pfeffer

Den geputzten, sauber gewaschenen Lattich mit kochendem Salzwasser überbrühen, auf einem Durchschlag abtropfen und etwas auskühlen lassen. In siedendem Öl die Knoblauchzehen (die nachher wieder entfernt werden) ihr Aroma entfalten lassen, die Schinkenwürfelchen beifügen, zuletzt den Lattich der Länge nach halbiert oder in beliebige Streifen geschnitten. 5 bis 10 Minuten bei schwacher Hitze dämpfen und heiß, mit etwas Salz und Pfeffer bestreut, servieren. Mit Weißbrot-Croûtons.

Gebackener Lattich aus Neuseeland
Baked lettuce

4 Lattichstauden, 60 g Butter, 2 Eßlöffel Mehl, 1½ Tassen Milch, Salz, Cayennepfeffer, 2 Eßlöffel Semmelbrösel, 1 Handvoll grobgehackte Walnüsse (oder Mandeln), Butterflöckchen

Die Lattichstauden nach Entfernung der schadhaften Blätter gut waschen und 5 Minuten in siedendem Salzwasser blanchieren. Abgießen, abtropfen lassen, zuletzt noch etwas ausdrücken und in handbreite Streifen schneiden. Mit der Hälfte der Butter und mit Mehl eine lichte Einbrenne bereiten, mit kaltem Wasser ablöschen und mit Milch zu einer dicklichen Béchamelsauce abrühren. Fünf Minuten unter Rühren kochen lassen, mit Salz und wenig Cayennepfeffer abschmecken. Nun die Lattichstauden in eine gebutterte Form geben, die Béchamelsauce darübergießen, mit Semmelbröseln und Walnüssen (oder Mandeln) bestreuen, mit Butterflöckchen bedecken und im Ofen bei mäßiger Hitze (200° C) etwa 15 Minuten überbacken. In Neuseeland – zu Lammbraten!

Lattich auf chinesische Art

500–750 g Lattich, 4 Eßlöffel Öl, 2 Knoblauchzehen, 1–2 Eßlöffel Sojasauce, 1 Tasse geschälte Krabben (Garnelen)

Die Stauden von den welken Blättern befreien, gut waschen, abtropfen lassen und in 2–3 cm lange Streifen schneiden. In heißem Öl zuerst die Knoblauchzehen goldgelb rösten, wodurch das Öl genügend aromatisiert wird. Nach Entfernung der Knoblauchzehen die Lattichstreifen hineingeben und zwei, drei Minuten fleißig rühren und wenden, bis das Gemüse ganz vom Öl überglänzt ist. Nun die Sojasauce darübergießen und noch eine Minute rühren. Zum Schluß, nur zum Erwärmen, die entschalten Krabben untermischen. Ein vorzüglicher Imbiß!

Lattich nach amerikanischer Art (Südstaaten)
Roman lettuce southern style

3 schöne Lattichstauden, Salzwasser, 30 g Butter oder 2 Eßlöffel Öl, $^1/_2$ Tasse Fleischbrühe, 1 Tasse geröstete Erdnüsse, feingehackte Petersilie

Die geputzten Stauden gut waschen, in siedendem Salzwasser blanchieren, abgießen, abtropfen lassen und etwas ausgedrückt in Streifen schneiden. Die Lattichstreifen in zerlassener Butter (oder Öl) schwenken, etwas Fleischbrühe aufgießen und langsam weich dämpfen, bis die Flüssigkeit fast ganz verdampft ist. Die geriebenen gerösteten Erdnüsse untermischen und, mit Petersilie bestreut, heiß zu Tisch geben. Zu Steaks!

Lauch, Porree

Lauch, lateinisch *allium porrum*, gehört zu der gleichen Pflanzengattung wie *allium cepa* (die Zwiebel), *allium ascalonium* (die Schalotte) und *allium schoenoprasum* (der Schnittlauch). Sie alle kamen schon zur Zeit Karls des Großen aus dem Nahen Osten zu uns. Mönche bauten sie als erste in ihren Klostergärten an und sorgten damit in der gemüselosen Winterszeit für die lebensnotwendigen Vitamine. Die zum Pyramidenbau gezwungenen Sklaven, berichtet der griechische Historiker Herodot, ernährten sich vor allem von Porree, Zwiebeln und Knoblauch und hielten sich dadurch gesund. Griechen und Römer schätzten die Zwiebelgewächse. Speziell Lauch zählte zu den Lieblingsgerichten Kaiser Neros; er sorgte für seinen Anbau im alten Rom. Und der altnordische *laukar* galt als ein Gesundheit verheißendes Zauberwort, wie eine in Schonen gefundene Zierscheibe aus der Völkerwanderungszeit beweist.

Es gibt den hellgrünen Sommerlauch (er ist zarter im Geschmack) und den dunklen herberen Winterlauch, der Kälte gut verträgt und in manchen Gegenden den ganzen Winter über auf den Beeten bleibt.

Lauch ist viel mehr als bei uns ein Lieblingsgemüse des Südens.

Lauch nach sizilianischer Art
Porro alla siciliana

6 Stangen Lauch, 2–3 Eßlöffel Olivenöl, 1 Knoblauchzehe, 1 Tasse Weißwein, Salz, Pfeffer, 3–4 Sardellenfilets, 1 Handvoll Sultaninen, 1 Handvoll schwarze Oliven

Den Lauch an Wurzel und Spitze stutzen, sorgfältig waschen, der Länge nach halbieren und in daumenlange Streifen schneiden. In heißem Öl zuerst die Knoblauchzehe ihr Aroma entfalten lassen. Nachdem sie herausgenommen wurde, den Lauch bei kleiner Hitze unter Rühren andünsten, den Wein aufgießen, mit wenig Salz, Pfeffer und feingehackten Sardellen würzen und, zugedeckt, weich dünsten. Vor dem Anrichten geweichte Sultaninen und gewässerte, entkernte schwarze Oliven untermischen. Eine beliebte Beilage zu Lamm am Spieß!
NB: Ähnlich ist die Zubereitungsart von Lauch auf Zypern und in der Türkei, doch gießt man hier den Lauch mit Brühe auf oder dünstet ihn in Tomatensauce.

Lauch nach Genfer Art
Poireaux à la mode de Genève

8 Lauchstangen, Salzwasser, 150–200 g magerer gekochter Schinken, Butter für die Form, Butterflöckchen

Béchamelsauce: 40 g Butter, 1–2 Eßlöffel Mehl, ¼ l Milch, Salz, Pfeffer, Muskatnuß, 4 Eßlöffel geriebener Käse

Lauch von den dunkelgrünen Blätter befreien, sorgfältig waschen, in 8 bis 10 cm lange Stücke schneiden, in Salzwasser blanchieren. Die ausgekühlten, abgetrockneten Stangen in dünne Schinkenscheiben wickeln und in eine gebutterte Auflaufform schichten. Aus Butter und Mehl eine lichte Einbrenne bereiten, mit wenig kaltem Wasser ablöschen, mit Milch auf-

füllen und mit Salz, Pfeffer und Muskatnuß zu einer dicklichen Sauce verkochen. Abseits vom Herd geriebenen Käse (Hälfte der angegebenen Menge) untermischen und die Sauce über die eingewickelten Lauchstangen schütten. Noch den restlichen Käse und Butterflöckchen darüber und etwa 15 Minuten im heißen Ofen (250° C) gratinieren. Eine ganze Mahlzeit!
Gut zu wissen: In Rußland gibt man statt der Béchamelsauce eine Tasse dicken sauren Rahm über die Lauchstangen.

Lauch mit Erdnüssen nach Burenart

1 kg Lauch, ca. ¼ l Fleischbrühe, Salz, Pfeffer, 1 Teelöffel Curry, 30 g Butter, 1 Tasse gehackte, geröstete Erdnüsse

Lauch – nur die hellen Teile verwenden – gut waschen, in feine Streifen schneiden, in Fleischbrühe weich dämpfen (die Brühe soll möglichst verdampfen), mit wenig Salz, reichlich schwarzem Pfeffer und Curry würzen, auf eine vorgewärmte Platte geben und mit den in Butter gerösteten Erdnüssen überstreuen. Apart – zu Steaks oder Koteletts!

Gebackener Lauch nach Nizzaer Art
Poireaux frits à la niçoise

4–5 Lauchstangen, Salzwasser, Mehl zum Einwälzen, 1–2 Eier, Salz, Pfeffer, 1 Eßlöffel verriebener Thymian, Semmelbrösel, Öl zum Ausbacken, Weinessig.

Den Lauch putzen, sorgfältig waschen und ungeteilt der Länge nach in 6 bis 8 cm lange Stücke schneiden. In Salzwasser nicht länger als 5 Minuten kochen und auf einem Durchschlag abtropfen lassen. Dann Stück für Stück in Mehl wälzen, hierauf in verquirltem Ei, das man mit Salz, Pfeffer und verriebenem Thymian gewürzt hat, schließlich in feinen Semmelbröseln. In Öl schwimmend, knusprig und goldgelb ausbacken. Auf einer vorgewärmten Platte anrichten, mit schwarzem Pfeffer aus der Mühle übermahlen und möglichst heiß servieren. Mit einem Spritzer Weinessig bedient sich jeder bei Tische selbst. Ein bekömmliches Zwischengericht!

Lauchtorte (Nationalgericht der Picardie)
La flamiche

1 kg Sommerlauch, 40 g Butter, Salz, Pfeffer, Muskat, 2 Eigelb

Teig: 300–350 g Mehl, 2 Eier, 2–3 Eßlöffel zerlassene Butter, Salz

Vom Lauch, aus dem man sorgfältig allen Sand herausgewaschen hat, nur die hellgrünen Teile verwenden. Sie werden in feine Rädchen geschnitten und in Butter mit Salz, Pfeffer und Muskatnuß auf kleinem Feuer halb weich gedünstet. Vom Feuer nehmen und mit verquirltem Eigelb (etwas davon zum Bestreichen der Flamiche zurückbehalten!) vermischen. Mehl, Eier, Butter und Salz zu einem Teig verkneten, in zwei Platten nicht zu dünn ausrollen. Mit der einen eine gefettete Springform auslegen, die Lauchmasse dick darauf verteilen, die zweite Platte darüberbreiten und die Ränder gut zusammenkneifen. Noch ein paarmal in die Deckplatte hineinstechen, damit der Dampf entweichen kann, mit dem zurückbehaltenen Eigelb bestreichen und im vorgeheizten Rohr bei etwas 250° C goldgelb backen (ca. 40 Minuten). Heiß servieren – als Zwischengericht.

Gut zu wissen: Auch Albanien und die Türkei kennen eine Lauchpastete, *Börek me presch*. Der Teig aber ist eine Art Blätterteig, und die Lauchfülle wird mit der gleichen Menge frischem Quark und zwei ganzen Eiern vermengt.

Mais, Maiskolben

Mais ist jahrhundertelang ganz zu Unrecht Welschkorn oder türkischer Weizen genannt worden. Er kommt jedoch aus Amerika, aus Mexiko oder Peru, wo der Göttin des Mais goldene Tempel geweiht und Menschenopfer dargebracht wurden. In Deutschland galt Mais lange Zeit nur als Viehfutter, während Italien, Rumänien, Ungarn, der ganze Balkan Mais schon früh als Getreide zu nutzen verstanden. Nationalgerichte wie die italienische Polenta, die rumänische Mamaliga beweisen es. Doch sei hier nur von Maiskolben und frischem Maiskorn die Rede. Junge zarte Maiskörner gelten bei uns seit dem Zweiten Weltkrieg als amerikanisches Lieblingsgemüse.

Maiskolben sollen ausgereift, die Körner aber müssen noch weiß oder lichtgelb und ganz zart sein. Im Winter sind tiefgefrorene Maiskolben aus der Tiefkühltruhe zu haben oder in Dosen eingemachte, vom Kolben gestreifte Maiskörner – das sogenannte *sweet-corn*.

Maiskolben auf amerikanische Art
Corn on the cob

4 frische zarte Maiskolben, Salzwasser, 1–2 Eßlöffel Erdnußbutter, 4 dünne Scheiben Bacon

Maiskolben von den Deckblättern und Fasern befreien, den Strunk leicht stutzen und in siedendem Salzwasser etwa 20 Minuten kochen lassen. Es empfiehlt sich aber, den Topf zuerst mit den zarteren Deckblättern auszulegen, die darauf plazierten Kolben mit weiteren Deckblättern abzudecken und alles mit kochendem Salzwasser zu übergießen. Farbe und Geschmack bleiben so erhalten. Die abgekühlten und gut abgetrockneten Maiskolben werden sodann dick mit Erdnußbutter überstrichen, in Baconscheiben gerollt, mit Holzspießchen festgesteckt und auf dem Holzkohlengrill (oder unter dem Elektrogrill) unter mehrfachem Wenden gegrillt, bis der Bacon rösch und knusprig ist. Ein beliebter Imbiß *(snack)* der Südstaaten!

Succotash

ist ein ursprünglich indianisches Maisgericht, das auch in Südamerika und in Spanien beliebt ist.

1 große Dose Maiskorn, 4 Eßlöffel Öl, 2 feingehackte Zwiebeln, 100 g magerer Räucherspeck, 2 rote Paprikaschoten, 4 große geschälte Tomaten, feingehackte frische Minze oder Petersilie

In heißem Öl zuerst Zwiebeln und Speckwürfel andünsten, entkernte Paprikastreifen beifügen und fleißig die Pfanne schwenken. Dann die geviertelten und leicht ausgedrückten Tomaten hineingeben und alles weich dünsten. Zuletzt die Maiskörner, die ja bereits weich sind, gut erhitzen. Mit frischer Minze oder Petersilie bestreut heiß servieren. In Südamerika reicht man Tortillas, Maisfladen, dazu.

Maisküchlein (amerikanisch)
Cornfritters

1 Dose sweet-corn, 2 Eier, 2–3 Eßlöffel Mehl, 1 Eßlöffel geschmolzene Butter, Salz, Pfeffer, Muskatnuß, Ausbacköl

Maiskorn aus der Dose gut abtropfen lassen. Aus Mehl, Eiern, geschmolzener Butter, Salz, Pfeffer, Muskatnuß einen dickflüssigen Pfannkuchenteig bereiten und eine halbe Stunde abrasten lassen. Die abgetropfen Maiskörner hineingeben und teelöffelweise in siedendem Ausbacköl in der Pfanne goldgelb backen. *Cornfritters* müssen heiß gegessen werden, da sie sonst leicht zäh werden. Man reicht sie in den Südstaaten zu Hähnchen mit Sauce *(chicken southern style)*, zu rösch gebratenem Bacon oder auch süß mit Ahornsirup. Weil die *fritters* das Aussehen gebackener Austern haben, nennt man sie scherzhaft *mock-oysters*.

Gemüsemais nach ungarischer Art

1 große Dose Maiskorn, 100 g magerer Räucherspeck, 1 feingehackte Zwiebel, 1 Eßlöffel Schweineschmalz, 1 grüne Paprikaschote, 1 rote Paprikaschote, 1 Eßlöffel Tomatenmark, ¼ l Fleischbrühe, Salz, Paprika, feingehackte Petersilie

Maiskorn aus der Dose nehmen, abgießen, abtropfen lassen. Speckwürfel und Zwiebel in Schweineschmalz anrösten, gut entkernte Paprikastreifen dazugeben und halb weich dünsten, mit Brühe und verrührtem Tomatenmark übergießen, mit Salz und Paprika abschmecken und in dieser Sauce die Maiskörner, zugedeckt, unter gelegentlichem Umrühren garen lassen. Mit Petersilie bestreut servieren. Zu Lendenbraten!

Mangold

Mangold, auch römischer Kohl geheißen, gehört zu der Gattung der Runkelrüben, ähnelt aber mehr dem Spinat und wird wie Spinat zubereitet (siehe dort). Mangold ist etwas herber im Geschmack; neben den Blättern werden auch die Stiele verwendet. Krautstiele, Chrutstiele nennt man das Gemüse in der Schweiz. Ein dortiges Nationalgericht ist die Krautwehe, ein aus Weißbrotteig gebackener Fladen. Der Belag ist gedünsteter Mangold, Stiele sowohl als Blätter mit Speck, Mehl, Rahm, Eiern und Gewürzen zu einer dicklichen Farce vermischt.

Mangold nach Hausfrauenart (sizilianisch)
Bietola alla massaia

500 g Mangold (Blätter und Stiele), Salzwasser, ¹/₂ Tasse Olivenöl, 2 Knoblauchzehen, 1 Handvoll Pinienkerne, 1 Handvoll Sultaninen, Salz, Pfeffer, geröstete Semmelwürfel

Mangold, Blätter samt Stielen gut waschen, in Salzwasser 10 bis 15 Minuten kochen, abgießen. In heißem Öl die Knoblauchzehen anrösten und wieder herausfischen. Den leicht ausgedrückten Mangold in dem aromatisierten Öl schwenken, Pinienkerne und vorgeweichte Rosinen, Salz und Pfeffer beigeben und bei kleiner Hitze unter gelegentlichem Rühren 20 Minuten dünsten. Mit gerösteten Semmelwürfeln (Croûtons) servieren.
Mangold wird wie Spinat in Sizilien auch gerne zu gebratenem Fisch (Seezungen, Makrelen) gereicht.

Krautstiele nach Schweizer Art

³/₄–1 kg Mangoldstiele, Salzwasser, 2–3 Eßlöffel Milch, 30 g Butter, 1 Eßlöffel Mehl, 1 Teelöffel Senf, 1 Eßlöffel Zitronensaft, 1 Messerspitze Muskatnuß, 50 g feingeriebener Sbrinz oder Parmesan, ¹/₂ Tasse Rahm, 2 Eigelb

Krautstiele waschen, von allen Blattresten befreien und in handlange Stücke schneiden. Salzwasser mit einigen Löffeln Milch zum Sieden bringen, die Mangoldstiele wie Spargel bündeln, in den Sud geben und in etwa 15 Minuten weich kochen. Abseihen, warm stellen. Aus Butter und Mehl eine lichte Einbrenne bereiten, mit 1–2 Tassen Gemüsewasser ablöschen, mit Senf, Zitronensaft, Muskat würzen. Den geriebenen Käse unter die Sauce mischen, zuletzt und abseits vom Feuer mit zwei mit Rahm verquirlten Eidottern legieren. Heiß über die Mangoldstiele gießen und servieren. Dazu reicht man in der Schweiz junge, in der Schale gebackene Kartoffeln.

Paprikaschoten

Die spanischen Eroberer Südamerikas brachten die zu den Nachtschattengewächsen gehörenden Schoten nach Europa und nannten sie Pimientos. Deutschland übernahm sie als »spanischen Pfeffer«. Die vielerlei Abarten: sowohl die kleinen scharfen Gewürzschoten als auch die milden grünen, roten, gelben Gemüseschoten wurden bald in ganz Südeuropa angebaut. Zumal der Balkan nahm Gewürz und Gemüse in seine Küche auf, so daß jahrhundertelang Paprika als türkischer Pfeffer galt. Statt des »spanischen Pfeffers« bürgerte sich bei uns die Bezeichnung Paprika ein, die aus dem Serbischen stammt.

Hundertjährige Bulgaren und Türken schreiben ihre Gesundheit und ihr hohes Alter dem häufigen Verzehr von Paprika zu (sowie Knoblauch und Joghurt). Tatsächlich weisen frische Paprikaschoten einen hohen Gehalt an Vitaminen auf (vor allem an Vitamin C). Schon eine Paprikaschote vermag unseren Tagesbedarf an Vitamin C zu decken.

Hier interessieren uns nicht die kleinen scharfen Pfefferschoten, die getrocknet und zu Paprikapulver vermahlen werden, sondern die süßen, fleischigen, grünen, roten und gelben Gemüseschoten, die dennoch gut entkernt werden müssen, da die Kerne höllisch scharf sein können.

Paprika mit Auberginen (griechisch)
Piperies me melidzanes

4 Paprikaschoten (grüne, rote), 2 kleine Auberginen, 1–2 Eßlöffel Öl, 2 Eßlöffel Zitronensaft, 2 feingehackte Knoblauchzehen, Salz, Pfeffer, 1 Messerspitze Zucker, 1 Becher Joghurt

Ein leicht rauchiger Geschmack gehört zu diesem griechischen Gericht, das auf dem Balkan auch als türkisch bezeichnet und im Sommer gerne als Vorspeise oder Beilage zu gebratenem Fisch gereicht wird.
Paprikaschoten und Auberginen trocken abreiben und im Ofen bei schwacher Hitze rösten, bis die Haut fast schwarz und schrumplig erscheint. Mit kaltem Wasser abbrausen und die Haut abziehen. Paprikaschoten halbieren und entkernen und zusammen mit den Auberginen fein hacken, am besten im Porzellanmörser zerstampfen, mit Öl und Zitronensaft verrühren, mit zerdrücktem Knoblauch, Salz, Pfeffer und etwas Zucker abschmecken und so viel Joghurt dazugeben, daß eine breiige Masse entsteht. Sehr kalt servieren.

Gefüllte Paprikaschoten auf griechische und türkische Art
Piperies yemistes

4 große Paprikaschoten, 1 Aubergine, 1 Zwiebel, 1 Knoblauchzehe, 1 Petersiliensträußchen, 2 zerpflückte Sardellenfilets, 1 Eßlöffel Kapern oder gewässerte, feingehackte Oliven, 1/4 l gut gewürzte Tomatensauce

Paprikaschoten und Aubergine im Ofen rösten, bis sie zu schrumpeln beginnen, mit kaltem Wasser abschrecken und behutsam schälen. Den Paprikaschoten ein Deckelchen abschneiden und sie sorgfältig entkernen. Die geschälte

Aubergine fein hacken. Auch Zwiebel, Knoblauchzehe und Petersilie zusammen wiegen und mit den zerpflückten Sardellenfilets im Mörser zu einer salbenartigen Paste zerstoßen. Diese Masse mit dem Auberginengehäcksel und feingehackten Kapern oder schwarzen Oliven vermischen und als Fülle in die Paprikaschoten geben. Je ein Löffelchen Öl darüber, die Deckel daraufgesetzt und die gefüllten Paprikaschoten in würziger Tomatensauce (siehe Seite 10) im Ofen bei schwacher Hitze (180–200° C) in 30–40 Minuten gar geschmort. Das pikante Gericht wird in Griechenland und in der Türkei sommers auch kalt gegessen.

Eine spanische Variante: Pimientos rellenos. Rote Paprikaschoten werden mit 500 g gedünstetem Spinat, der mit Salz, Pfeffer, Muskat und reichlich Knoblauch abgeschmeckt wurde, gefüllt und in Fleischbrühe weich gedämpft. Eine Beilage zu Fleisch, die auch das Auge erfreut.

Paprika nach neapolitanischer Art
Peperoni alla napoletana

6–8 Paprikaschoten (grüne, gelbe, rote), ¹/₂–1 Tasse Olivenöl, 1–2 Knoblauchzehen, 3 Sardellenfilets, 1 Eßlöffel Kapern, 1–2 Eßlöffel entsteinte feingehackte schwarze Oliven, wenig Salz, Pfeffer, feingehackte Petersilie

Paprikaschoten der Länge nach halbieren, sorgfältig entkernen und Stück für Stück für wenige Minuten in heißes Öl tauchen. Auf diese Weise lassen sich die äußeren Häutchen nach der Abkühlung auf Küchenkrepp ganz leicht abziehen. Knoblauch und Sardellen zusammen fein hacken, in 1–2 Eßlöffel Öl andünsten, Kapern und schwarze Oliven beifügen, dann die mit wenig Salz und Pfeffer bestreuten Paprikaschoten. Alles, zugedeckt, auf kleinem Feuer (notfalls unter Beigabe von etwas Wasser) weich dünsten. Mit Petersilie bestreut servieren

– als Beilage zu Fleisch oder Fisch. Mit Weißbrot – eine beliebte Vorspeise.

Paprikagemüse nach ungarischer Art

6 grüne Paprikaschoten, heißes Wasser, 500 g Tomaten, 1 Eßlöffel Butter oder Schweineschmalz, 100 g magerer Räucherspeck, 2 feingehackte Zwiebeln, 1 zerdrückte Knoblauchzehe, 1 Teelöffel edelsüßer Paprika, Salz, feingehackte Petersilie

Paprikaschoten und Tomaten zuerst in kochendes Wasser tauchen, sogleich wieder kalt abbrausen – die Haut läßt sich dann leicht abziehen. Paprikaschoten halbieren, entkernen und in beliebige Streifen schneiden. Tomaten vierteln und die Kerne leicht ausdrücken. In einem Schmortiegel den gewürfelten Speck langsam in Butter oder Schweineschmalz auslassen, Zwiebeln und Knoblauchzehe andünsten, mit Paprikapulver überstäuben (wer das Gemüse schärfer mag, nimmt Rosenpaprika) und Paprikaschoten und Tomaten hineingeben. Noch ein wenig Salz darüber, das Ganze zugedeckt und bei kleiner Hitze in einer halben Stunde weich gedämpft. Mit Debreziner Würstchen und breiten Nudeln ist Paprikagemüse eine ganze Mahlzeit!

Ungarischer Paprikatopf
Lecso (sprich Letscho)

ist sozusagen die *ratatouille* des Balkans, ein Gemüseeintopf (siehe Seite 178).

500 g Paprikaschoten, 500 g Tomaten, 250 g Zwiebeln, 1 Eßlöffel Schweineschmalz, 125 g magerer Räucherspeck, 2 Teelöffel edelsüßer Paprika, 1 Messerspitze Zucker, nach Belieben feingehackte Petersilie

Die Vorbereitungen: Paprikaschoten halbieren, entkernen, in fingerbreite Streifen schneiden. Tomaten in heißes Wasser tauchen, abschrecken, schälen, vierteln, leicht die Kerne ausdrücken. Zwiebeln schälen, in ganz dünne Ringe schneiden. Nun läßt man in heißem Schweinefett den in Würfel geschnittenen Räucherspeck und die Zwiebelringe leicht Farbe annehmen, streut, unter Rühren, Paprika darüber, gibt die Paprikastreifen dazu, zuletzt die Tomatenviertel und etwas Salz und Zucker. Behutsam umrühren, den Deckel schließen und bei geringer Hitze gar dünsten (ca. 25–30 Minuten). Am besten auf einer Asbestplatte – das Gemüse liegt leicht an. Mit Reis und Debreziner eine ganze Mahlzeit!

Paprikaschoten mit Ei (griechisch, türkisch)
Piperies me avga

6 grüne, gelbe, rote Paprikaschoten, 1/2 Tasse Öl, 1 feingehackte Knoblauchzehe, 1 geriebene Zwiebel, 4 Eier, 1 Tasse weicher frischer Schafkäse, Salz, Pfeffer, Muskat, feingehackte Petersilie

Paprikaschoten, wie im Rezept Seite 107 beschrieben, im Ofen bei schwacher Hitze rösten, abbrausen, schälen, halbieren, entkernen und in dünne Streifen schneiden. In heißem Öl Knoblauch und Zwiebel andünsten, die Paprikastreifen beigeben und zugedeckt bei schwacher Hitze weich schmoren. Eier mit Salz, Pfeffer, Muskat verquirlen, den zerdrückten Schafkäse untermischen und das Ganze über das Gemüse schütten. Wie Rührei stocken lassen, mit Petersilie bestreut heiß auftragen. Ist frischer Schafkäse nicht zu haben, kann auch italienischer Mozzarella (Büffelkäse) oder ein geriebener Hartkäse verwendet werden. Ein Abendessen!

Paprika nach russischer Art
Sladki perez (wörtlich: süßer Pfeffer)

6 grüne und rote Paprikaschoten, Salzwasser, 2 Teelöffel Senf, 2 Teelöffel Zucker, 1 Teelöffel Salz, ¹/₂ Teelöffel Pfeffer, ¹/₂ Tasse Öl, 3–4 Eßlöffel Essig

Paprikaschoten vierteln (größere in Achtel schneiden), von Rippen und Kernen befreien, in Salzwasser halb weich kochen. Die äußeren Häutchen abziehen. Senf und Zucker, Salz und Pfeffer, Öl und Essig am besten im Schüttelbecher gut vermischen und über die heißen Paprikastückchen schütten. Über Nacht marinieren lassen.
In Südrußland eine Sakusska = Vorspeise!

Gefüllte Paprikaschoten

Überall wo Paprika gerne gegessen wird, in Italien, Spanien, auf dem Balkan, sind gefüllte Paprikaschoten wohl die beliebteste Zubereitungsart. Es gibt unzählige Arten, die Schoten zu füllen.

Gefüllte Paprikaschoten nach ungarischer Art

4 große grüne Paprikaschoten, Salzwasser, 1 Eßlöffel Schweineschmalz, 1 Knoblauchzehe, 1 feingehackte Zwiebel, 250 g Schweinsfilet, 1–2 Tassen gekochter Reis, 1–2 Teelöffel edelsüßer Paprika, Salz, 2 Tassen Tomatensauce

Den Paprikaschoten einen Deckel abschneiden, Rippen und Kerne entfernen, kurz in Salzwasser blanchieren, abtropfen, auskühlen lassen. In Schweineschmalz die Knoblauchzehe andünsten und wieder entfernen; darauf die Zwiebel glasig dünsten und das in kleine Würfel geschnittene Schweinsfilet schön braun braten. Salzen, mit Paprika bestäuben, vom Feuer nehmen und den gekochten Reis untermischen. Dies in die Paprikaschoten füllen, die Deckelchen draufsetzen und die gefüllten Schoten zugedeckt langsam in würziger Tomatensauce (siehe Seite 10) gar schmoren. Dazu Salzkartoffeln!

Gefüllte Paprikaschoten nach mexikanischer Art
Pimientos rellenos alla mexicana

8 kleine grüne Paprikaschoten, Salzwasser, Öl zum Ausbacken

Fülle: 2–3 Eßlöffel Öl, 2 zerquetschte Knoblauchzehen, $^1/_2$ Tasse gemahlene Mandeln oder Erdnüsse, 250 g Hackfleisch, 1 Eßlöffel Tomatenmark, Salz, Chilipulver

Panade: 2 Eßlöffel Mehl, 2 verquirlte Eier, 1–2 Tassen feine Semmelbrösel

In die Paprikaschoten rund um den Stengelansatz ein rundes Loch schneiden und durch dieses mit einem spitzen Messer die Schoten behutsam entkernen. In Salzwasser 5–10 Minuten blanchieren, gut abtropfen und auskühlen lassen. Zur Fülle: In Öl die Knoblauchzehen und Nüsse oder Mandeln anrösten, das Fleisch dazugeben und rasch wenden, bis es nicht mehr roh erscheint. Vom Feuer nehmen und mit Tomatenmark, Salz, Chilipulver (scharfer Paprika) mischen. Die ausgekühlte Farce vorsichtig in die Paprikaschoten stopfen und die Öffnung dick mit Mehl bestäuben. Nun die Schoten in Ei wälzen, dann in sehr feinen Semmelbröseln, und die panierten Schoten Stück um Stück in Öl schwimmend ausbacken. Ein üppiger, scharfer Imbiß. Dazu gibt es in Mexiko Tortillas, Maisfladen.

Gefüllte Paprikaschoten nach römischer Art
Peperoni ripieni alla romana

4 große grüne Paprikaschoten, Salzwasser, 500 g Tomaten, 1 Zwiebel, 1 Knoblauchzehe, 1 Sträußchen Petersilie, ½–1 Tasse Öl, 300 g Hackfleisch, 1 Tasse gekochter Reis, Salz, Pfeffer, 1 Eßlöffel Origano oder frisches Basilikum, 2–3 Eßlöffel geriebener Parmesan, ¼ l Rotwein, Parmesankäse zum Bestreuen

Den Paprikaschoten ein Deckelchen abschneiden, Kerne und Rippen entfernen, ausspülen und 5–10 Minuten in Salzwasser blanchieren. In kaltem Wasser auskühlen lassen. Tomaten kurz in heißes Wasser tauchen, kalt abbrausen, schälen, vierteln und die Kerne leicht ausdrücken. Nun zur Fülle: Zwiebel, Knoblauch und Petersilie zusammen mit dem Wiegemesser recht fein wiegen, in etwas Öl andünsten, das Fleisch beifügen und mitdünsten, bis es nicht mehr roh erscheint. Abseits vom Feuer mit dem Reis, allen Gewürzen und dem geriebenen Käse gut vermischen. Die abgetropften Paprikaschoten füllen, den Deckel draufsetzen und die gefüllten in Öl in eine feuerfeste Form geben, drum herum die Tomaten. Die Form in den vorgeheizten Ofen schieben. Wenn es nach 15 Minuten im Ofen zu brutzeln beginnt, alle Flüssigkeit also verdampft ist, den Wein aufgießen, zudecken und bei geringer Hitze (180–200° C) in 30–40 Minuten gar schmoren. Nach Belieben mit Parmesan bestreuen und in der Form zu Tisch geben.

Eine andere, in Sizilien gebräuchliche Fülle: 1–2 Tassen in Wein getränkte Semmelbrösel, eine gute Handvoll Rosinen, eine Handvoll Pinienkerne, Salz, Pfeffer, Origano. Die solcherart gefüllten Paprikaschoten werden in Öl (1 Tasse) im Ofen ganz langsam gar gebacken und als Beilage *(contorno)* zu Fisch oder Fleisch serviert.

Radicchio

ist eine Züchtung aus Treviso. Die kleinen oder größeren, roten, krautähnlichen Salatköpfchen sind erst seit kurzem auf unseren Märkten zu sehen. Man nennt sie fälschlicherweise auch roten Chicorée, weil sie bitterlich schmecken wie jene und zumeist roh gegessen werden, als Salat – in Essig und Öl. Am besten mit abgezupften Muskatellertrauben gemischt, wodurch die Bitterkeit einen angenehmen süßlichen Beigeschmack erhält. Gekocht oder gedünstet, verliert Radicchio leicht seine schöne rote Farbe und wird unansehnlich. Im übrigen sind alle Rezepte für Chicorée auch auf Radicchio anwendbar (siehe dort).

Ausgebackener Radicchio
Radicchio fritto

500 g Radicchio, Ausbacköl, Salz, Pfeffer

Ausbackteig: 150 g Mehl, 2 Eigelb, 1 Schuß Wein

Die Radicchioköpfchen waschen, von den äußeren schadhaften Blättern befreien und den Strunk stutzen. Auf Küchenkrepp abtrocknen lassen. Aus den Teigzutaten einen dickflüssigen Pfannkuchenteig bereiten und eine gute halbe Stunde abrasten lassen. Dann die Köpfchen Stück für Stück in den Teig tauchen und in siedendem Öl unter einmaligem Wenden goldgelb backen. Die abgetropften Radicchiostücke, mit Salz und Pfeffer bestreut, heiß zu Tisch bringen. In Italien gehört ausgebackener Radicchio zum italienischen Feinschmeckergericht *fritto misto* (gebackenes Allerlei), zu Leber oder Kalbsnieren auf venezianische Art u. a. m.

Radicchio auf Genueser Art
Radicchio con pesto alla genovese

Pesto ist die berühmte Genueser Knoblauchsauce

500–750 g kleinköpfiger Radicchio, 1 Eßlöffel Öl, Saft von ¹/₂ Zitrone, ¹/₂ Tasse Fleischbrühe, Salz, Pfeffer

Pesto: 4 Knoblauchzehen, 1 Tasse feingehacktes frisches Basilikum, Eßlöffel geriebener Parmesan, 2–3 Eßlöffel Öl, feingehackte Petersilie

Die Radicchioköpfchen von den äußeren schadhaften Blättern befreien, den Strunk abschneiden und die Röschen in wenig Öl bei kleiner Hitze andünsten. Zitronensaft und Brühe zugießen, mit Salz und Pfeffer würzen und sachte in etwa 10–15 Minuten nicht zu weich dünsten. *Al dente* = gerade noch zum

Beißen, so mögen es die Italiener. Inzwischen die durch die Knoblauchpresse gedrückten Zehen mit feingehacktem frischem Basilikum und geriebenem Parmesankäse im Porzellanmörser gut zerstampfen und mit tropfenweise dazugegebenem Öl (wie zur Mayonnaise) zu einer geschmeidigen Paste verreiben. Diese kommt auf die heißen Radicchioröschen. Noch etwas Petersilie darüber und sofort serviert. Mit geröstetem Weißbrot!

Rosenkohl (Sprossenkohl)

Er wurde zuerst in Belgien gezüchtet und trägt darum auch mit Recht die Bezeichnung Brüsseler Kohl (englisch: *Brussels sprouts*, französisch: *chou de Bruxelles*). Heute wird das feine Wintergemüse, das Frost gut verträgt und nach den ersten Winternächten sogar besser schmeckt, überall angebaut. Von besonders hervorragender Qualität ist der Rosenkohl aus Belgien und Holland.

Er wird auf mannigfache Art zubereitet: in England nur in Salzwasser gekocht und mit frischer Butter serviert, in Belgien und Holland halb gar gekocht, dann in Butter geschwenkt und mit dickem süßem Rahm, in Polen und im Baltikum mit knusprig gerösteten Speckwürfeln übergossen.

Rosenkohl auf Pariser Art
Chou de Bruxelles à la parisienne

800 g Rosenkohl, Salzwasser, 150–200 g geschälte Maronen, 2 Eßlöffel zerlassene Butter, ½ Teelöffel Zucker, ½ Tasse Weißwein, Butterflöckchen

Sauce Mornay: 30–40 g Butter, 2 Eßlöffel Mehl, 2 Tassen Milch, Salz, Pfeffer, Muskatnuß, 1 Tasse geriebener Käse

Die Kohlröschen von den äußeren schlechten Blättern befreien, waschen, in Salzwasser halb gar kochen, gut abtropfen lassen. Die geschälten Maronen (siehe Seite 82) in Butter und Zucker anrösten, den Wein aufgießen und weich dünsten. Dann aus Butter und Mehl eine lichte Einbrenne bereiten, mit wenig kaltem Wasser löschen, mit Milch unter Rühren auffüllen, mit Salz, Pfeffer und Muskatnuß würzen und zu einer dicken Sauce einkochen. Vom Feuer nehmen und die Hälfte des geriebenen Käses untermischen. Nun eine Lage Rosenkohl in eine gebutterte feuerfeste Form geben, darüber die Maronen und wieder Rosenkohl. Die Sauce darübergießen, das Ganze mit dem restlichen Käse bestreuen, mit Butterflöckchen bestecken und im heißen Ofen (250° C) etwa 15 Minuten überbacken.

Eine Variante: Eine Tasse geröstete Speckwürfel unter den Rosenkohl gemischt – so mag man es im Elsaß!

Rosenkohlpüree auf flämische Art
Purée des choux de Bruxelles à la flamande

1 kg Rosenkohl, Salzwasser, 50–60 g Butter, 1 Eßlöffel Mehl, 1 Tasse Fleischbrühe, ½ Teelöffel Muskat, Salz, 2 Eigelb, 2 bis 3 Eßlöffel Rahm

Rosenkohl putzen, 10 Minuten in Salzwasser kochen, abgießen. Butter zerlassen, den gut abgetropften Rosenkohl hineingeben, Mehl unter Rühren darüberstäuben, nach ein paar Minuten die Fleischbrühe aufgießen. Mit Muskatnuß, notfalls noch mit etwas Salz nachwürzen und 15 Minuten über kleinem Feuer dünsten lassen. Dann durch ein Sieb pressen oder mit dem Mixquirl zu Brei rühren und auf dem Feuer warm halten. Eigelb mit Rahm verquirlen und, tüchtig schlagend, unter das Mus rühren, aber nicht mehr kochen lassen. Zu Schinken oder Schweinefleisch!

Rosenkohl auf baltische Art

1 kg Rosenkohl, Salzwasser, 20 g Butter, 150 g feinwürfliger magerer Speck, Salz, Pfeffer, Muskat, 4 Eier, 1 Tasse Rahm

Rosenkohl putzen, in Salzwasser nicht zu weich kochen, abgießen, abtropfen lassen. Den abgetropften Rosenkohl in eine gebutterte feuerfeste Form geben, die Speckwürfel darüber verteilen und mit den mit Rahm verquirlten, mit Salz, Pfeffer und geriebenem Muskat gewürzten Eiern übergießen. Im vorgeheizten Ofen bei Mittelhitze backen, bis die Eier gestockt sind. Dazu kleine braune Backkartöffelchen.

Rosenkohl nach Amsterdamer Art

750 g Rosenkohl, 50–60 g Butter, 1 geriebene Zwiebel, ¼ l Fleischbrühe, Salz, Muskatnuß, 2 Eidotter, ½ Tasse dicker süßer Rahm, feingehackte Petersilie

Rosenkohl putzen, am Stielende kreuzweise einschneiden (er gart auf diese Weise schneller) und in zerlassener Butter mit einer geriebenen Zwiebel andünsten. Fleischbrühe aufgießen, mit Salz und Muskatnuß würzen und auf kleiner Flamme, zugedeckt, sachte weich dünsten. Doch sollten die Röschen nicht zerfallen. Eigelb, mit Rahm verquirlt, darübergeben, umrühren und nicht mehr kochen lassen. Mit Petersilie bestreut auftragen. Zu frischer Bratwurst oder Schinken.

Rosenkohl auf Mailänder Art
Cavolo di Brussele

800 g Rosenkohl, Salzwasser, 60 g Butter, 1 Prise geriebene Muskatnuß, 1 Tasse geriebener Parmesankäse

Rosenkohl putzen, in Salzwasser nicht zu weich kochen, abgießen und gut abtropfen lassen. In zerlassener Butter schwenken, bis die Röschen ganz von der Butter überglänzt sind. Auf einer heißen Platte anrichten, mit wenig Muskat bestäuben, reichlich mit Parmesan bestreuen und für wenige Minuten in den heißen Ofen schieben. Der Käse soll schmelzen, darf aber nicht zu braun werden. So zubereitet, wird Rosenkohl gerne zum *bollito misto* (allerlei gekochtes Fleisch) gereicht.

Rosenkohl auf normannische Art
Chou de Bruxelles à la normande

750 g Rosenkohl, 4 säuerliche Äpfel, Salzwasser, 1 Tasse Apfelwein, Saft von ½ Zitrone, 40–50 g Butter, 1 geriebene Zwiebel, 1–2 Eßlöffel Semmelbrösel

Rosenkohl putzen, in Salzwasser nicht zu weich kochen, abtropfen lassen. Äpfel schälen, in Viertel schneiden, in Apfelwein und Zitronensaft halb weich dünsten. Nun den Rosenkohl mit der Zwiebel in Butter schwenken (Hälfte der angegebenen Menge), bis er wieder heiß und vom Fett überglänzt ist. Die Äpfel behutsam untermischen und die in der restlichen Butter rösch gerösteten Semmelbrösel darüberstreuen. Zu Schweinekoteletts!

Rote Rüben

Rote Rüben, auch Bete oder Ranen genannt, gelten als russisches und polnisch-ukrainisches Nationalgemüse. Hierzulande kennt man Rote Rüben fast ausschließlich, pikant eingelegt, als Salat. Rußland und Polen bescherten uns die Rote-Rüben-Suppe, den heute weltweit bekannten Borschtsch. Darüber hinaus gibt es im Osten mancherlei Rezepte für Rote-Rüben-Gemüse. Rote Rüben gelten in Rußland als nahrhaft und gesund. Und in der Tat enthalten sie vielerlei Wirkstoffe, die Harnsäure zu lösen, das Blut zu reinigen und Blutarmut vorzubeugen vermögen. Überdies sind Rote Rüben auch in der vitaminarmen Zeit im Winter zu haben. In Rußland werden sie wie Sauerkraut in Fässern eingesalzen.

Rote Rüben mit Dill – russisch
Swekla ss ukropom

500 g gekochte Rote Rüben, Saft von 1 Zitrone, 1 Teelöffel Zucker, Salz, Pfeffer, 2–3 Eßlöffel Sonnenblumenöl, 1 feingewürfelte Salzgurke, ½ Tasse dicker saurer Rahm, 1 Tasse feingehackter Dill

Die gekochten Rüben (siehe Seite 123) schälen, in dünne Scheiben schneiden, mit Zitronensaft und Zucker, Salz und Pfeffer mischen und etwas ziehen lassen. Das Öl erhitzen, die Roten Rüben und die Gurkenwürfel kurz darin schwenken. Den Rahm beifügen und das Gemüse auf kleiner Flamme gut heiß werden lassen. Zum Schluß den feingehackten Dill untermischen und sofort servieren. Zu Suppenfleisch, zu gekochter Gans oder Ente!

Eingelegte Rote Rüben auf englische Art
Preserve of red beets

1½–2 kg Rote Rüben, 1 l milder Weinessig (½ Essig, ½ Wasser), 15 Pfefferkörner, 15 Nelken, 3 Lorbeerblätter, ½ Muskatnuß, 2 Stückchen frischer Ingwer oder Sirup-Ingwer, Salz, 1 Eßlöffel Zucker

Rote Rüben auf die übliche Art kochen, schälen, in dünne Scheiben schneiden und in Gläser schichten. Essig mit allen Gewürzen eine halbe Stunde auf kleinem Feuer kochen lassen, um das volle Aroma der Gewürze in die Marinade zu ziehen. Heiß über die Roten Rüben gießen und erst anderntags als Salat zu Steaks servieren. Nach Belieben können ein frisch geriebener Apfel oder ein paar eingelegte Perlzwiebelchen unter den angerichteten Salat gemischt werden.

Rote Rüben als Gemüse mit Meerrettich
Swekla ss chrenom

1 kg Rote Rüben, 1–2 Teelöffel Zucker, 3 Eßlöffel Essig, 1 Eßlöffel Schweineschmalz, 1 Eßlöffel Mehl, ¹/₂ l Fleischbrühe, 2 feingehackte Zwiebeln, 1 Teelöffel Kümmel, Salz, Pfeffer, 1 fingerlanges Stück Meerrettich, ¹/₂ Tasse dicker saurer Rahm.

Die Bete mit der Wurzelbürste gut säubern, dabei achtgeben, sie nicht zu verletzen, damit die Rüben beim Kochen ihre schöne rote Farbe behalten. In siedendem Wasser 2–3 Stunden kochen und im Kochwasser erkalten lassen. Die Bauern in Rußland und in der Ukraine backen Rote Rüben bei schwacher gleichmäßiger Hitze 3–4 Stunden im Ofen, bis sie von außen ganz schwarz und schrumplig erscheinen, und schrecken sie anschließend mit kaltem Wasser ab, was das Schälen sehr erleichtert. Die geschälten Roten Rüben in dünne Scheibchen schneiden, mit Zucker bestäuben, mit Essig begießen und ziehen lassen. Zucker und Essig dienen dazu, den Rüben ihre schöne rote Farbe zu erhalten. Aus Schmalz oder Butter und Mehl eine lichte Einbrenne bereiten, mit wenig kaltem Wasser löschen und mit Fleischbrühe, die man mittlerweile mit feingehackten Zwiebeln und Kümmel aufgekocht hat, zu einer sämigen Sauce aufgießen. Dahinein kommen die Bete samt Essigmarinade, noch etwas Salz und Pfeffer und frisch geriebener Meerrettich. Eine Viertelstunde ziehen lassen, dann mit einer Haube dickem saurem Rahm heiß auftragen. Zu gekochtem Rindfleisch!

Rotkohl

Rotkohl wird in Bayern Blaukraut genannt. Und es ist beileibe nicht gleichgültig, wie dieses zu Gänse-, Enten- oder Hasenbraten beliebte Gemüse auf Bayerns Märkten und Speisekarten ausgezeichnet wird. Am Rotkohl entzünden sich die Gemüter traditionsbewußter Einheimischer.
Die Heimat des Rotkohls ist wahrscheinlich China.

Rotkohl mit Maronen,
eine französische Spezialität
Chou rouge marronné

1¹/₂ kg Rotkohl, 80 g Gänseschmalz, 2–3 Eßlöffel Essig, 1–2 Teelöffel Zucker, Salz, Pfeffer, 3 Nelken, ¹/₄ l Rotwein, 30 Maronen, 1 Tasse Milch, 1 Tasse Wasser, nach Belieben frische Schweinsbratwürste

Vom Rotkohl die äußeren schadhaften Blätter entfernen, den Kopf vierteln, Strunk und Rippen herausschneiden und die Viertel in dünne Streifen hobeln. Das gehobelte Kraut in einen emaillierten oder feuerfesten irdenen Topf in heißes Gänseschmalz geben (im Metalltopf verliert Rotkohl seine schöne Farbe), durchschwenken, mit Essig spritzen, mit Zucker, Salz, Pfeffer und Nelken würzen, den Rotwein aufgießen und zugedeckt weich dünsten (1¹/₂ Stunden). Inzwischen die Maronen mit einem scharfen Messer kreuzweise einschneiden und in einer Pfanne in den Backofen stellen. Bei kleiner Hitze so lange backen, bis die Schale platzt und sich samt den braunen Häutchen leicht entfernen läßt. Die geschälten Maronen in einen Topf geben, halb Milch, halb Wasser deckend aufgießen und den Topf in das nicht allzu heiße Rohr schieben. Wenn die Maronen fast alle Flüssigkeit aufgesogen haben, sind sie gar. Man mischt sie behutsam unter den Rotkohl. Die gebrühten frischen Bratwürstchen werden rasch in wenig Gänseschmalz abgebräunt und rund um den Maronen-Rotkohl angerichtet.

Rotkohl auf dänische Art
Rødkaal

1 Rotkohl von 1–1¹/₂ kg, 2 säuerliche Äpfel, 60 g Butter, 3–4 Eßlöffel Essig, etwas heißes Wasser, 1 Zwiebel, 2 Nelken, Salz, Pfeffer, 1 Teelöffel Zucker, 2–3 Eßlöffel Johannisbeergelee, 1 Schuß Portwein oder Rotwein

Den Rotkohl nach Entfernung der äußeren schadhaften Blätter und des Strunks in feine Streifen schneiden; die Äpfel schälen und in Viertel teilen. Die Kohlstreifen einige Minuten in heißer Butter schwenken, dann Essig und heißes Wasser aufgießen, die Apfelviertel und die mit Nelken gespickte Zwiebel beifügen, mit Salz, Pfeffer und Zucker würzen und, zugedeckt, unter gelegentlichem Umrühren bei schwacher Hitze langsam weich dünsten (ca. 1½ Stunden). Vor dem Anrichten die Zwiebel entfernen und das mit etwas Port- oder Rotwein verquirlte Johannisbeergelee untermischen. Zu Gänse- oder Hasenbraten oder Rentierfleisch.

NB: Auf die gleiche Art zubereitet, zählt Rotkohl auch zu den holländischen Lieblingsgerichten.

Schwarzwurzeln

Schwarzwurzeln (lt. *scorzonera hispanica*) gehören zur Gattung der perennierenden Zichoriengewächse und werden allgemein als winterlicher Spargelersatz geschätzt. In Südeuropa, aber auch in Sibirien wachsen sie noch wild. Die vorzüglichsten Anbaugebiete sind heute: Frankreich, Belgien, Holland.

Schwarzwurzeln, die nur außen schwarz, innen aber weiß sind, müssen, damit sie schön hell bleiben und nicht schwärzlich anlaufen nach sorgfältigem Waschen, Bürsten und Schälen für eine Weile in gemehltes, mit Essig oder Zitronensaft gesäuertes Wasser gelegt und in frischem, leicht gesäuertem Wasser gegart werden. Das Ärgerliche an den schmackhaften, eiweißreichen Wurzeln ist, daß sie – was einige Mühe bereitet und schwarze Hände zur Folge hat – sehr sorgsam abgeschabt, am besten geschält werden müssen. Manche Hausfrau greift darum lieber zu den eingedosten Schwarzwurzeln. Freilich kann man das als Nierendiät sehr geschätzte Gemüse auch ungeschält (nur sehr gut abgebürstet) kochen und erst hinterher die Haut abziehen. Schwarzwurzeln verlieren aber bei dieser Methode leicht an Zartheit und Geschmack.

In Frankreich gibt es eine Unzahl von Rezepten für das beliebte Wintergemüse: à la crème, mit Rahm- oder Béchamelsauce, à la poulette, in Geflügelbrühe verkocht, in Butter mit feinen Kräutern geschwenkt, in Teig ausgebacken, à la provençale, mit Tomaten- und Knoblauchsauce.

Schwarzwurzeln auf holländische Art
Salsifis à la Hollandaise (aß ich in einem Hotel in Amsterdam)

750 g Schwarzwurzeln, gemehltes Essigwasser, Salzwasser, Saft von ¹/₂ Zitrone, 1 Teelöffel Muskatnuß, 150–200 g fetter Holländer Käse, Butter für die Form

Schwarzwurzeln wie üblich bürsten, schälen, in gemehltem, gesäuertem kaltem Wasser eine halbe Stunde liegen lassen. Dann ganz in handlange Stücke geschnitten in frischem mit Zitrone gesäuertem Salzwasser kochen, abgießen und sehr gut abtropfen lassen. Jeweils 4–5 mit Muskat bestäuben, in dünne Scheiben Holländer Käse wickeln und in eine ausgebutterte flache Auflaufform ordnen. Im vorgeheizten Ofen bei etwa 250° C kurz überbacken, bis der Käse gerade zu schmelzen beginnt. Mit Toast eine ganze Mahlzeit!
Eine Variante: Statt Käse – Schinkenscheiben.

Schwarzwurzeln nach provenzalischer Art
Salsifis à la provençale

³/₄–1 kg Schwarzwurzeln, gemehltes Essigwasser, Salzwasser, Zitronensaft

Tomatensauce: 750 g Tomaten, ¹/₂ Tasse Öl, 2 feingehackte Zwiebeln, 2 zerquetschte Knoblauchzehen, Salz, Pfeffer, feingehackte Kräuter: Thymian, Basilikum, Kerbel, Petersilie, Estragon

Schwarzwurzeln wie üblich waschen, putzen, in gemehltes Essigwasser legen. In 4–5 cm lange Stückchen schneiden und in gesäuertem frischem Salzwasser nicht zu weich kochen. Zuvor eine dicke Tomatensauce bereiten, indem man als erstes Zwiebeln und Knoblauchzehen in Öl andünstet, dann die geschälten, geviertelten, entkernten Tomaten hinzufügt, mit

Salz, Pfeffer, Basilikum und Thymian würzt und so lange auf dem Feuer läßt, bis alles zu einer dicken Sauce verkocht ist. Die abgegossenen, abgetropften Schwarzwurzeln in die Tomatensauce geben, ein paar Minuten durchdünsten, dann mit frischen Kräutern wie Kerbel, Petersilie und ganz wenig Estragon bestreuen und mit Stangenbrot servieren. Ein sättigender Imbiß!

Schwarzwurzeln nach Genueser Art
Scorzanere alla genovese

1 kg Schwarzwurzeln, 1 Tasse Weinessig, 1 Eßlöffel Mehl, Salzwasser, Saft von 1 Zitrone, ½ Tasse Olivenöl, 2 Eßlöffel feingehackte Petersilie, 3–4 Eßlöffel geriebener Parmesan

Schwarzwurzeln gut waschen, abschaben und für eine Weile in gemehltes Essigwasser legen. In 6 cm lange Stückchen schneiden, in frischem Salzwasser mit dem Saft einer ganzen Zitrone weich kochen *(al dente)*, abgießen und abtropfen lassen. Olivenöl heiß werden lassen, feingehackte Petersilie rösch rösten und das Ganze über die angerichteten Schwarzwurzeln gießen. Dick mit geriebenem Parmesankäse bestreut, sofort servieren. Nach Belieben spritzt man bei Tisch noch etwas Weinessig oder Zitronensaft über das Gemüse. Eine Beilage zu Fisch oder Fleisch!

Schwarzwurzeln in Rahm auf französische Art
Salsifis à la crème

1 kg Schwarzwurzeln, 1 Tasse Weinessig, 1 Eßlöffel Mehl, Salzwasser, 1 Eßlöffel Öl, Saft von 1 Zitrone, Einbrenne aus: 40 g Butter, 1 Eßlöffel Mehl, ¼ l Rahm, Salz, Muskatnuß, 2 Eigelb

Die Schwarzwurzeln unter fließendem Wasser mit einer Wurzelbürste vom Sand säubern, die Spitzen beiderseits abschneiden, sehr sorgfältig abschaben oder ganz dünn schälen und sofort in kaltes, mit Essig gesäuertes Mehlwasser legen. Nach einer halben Stunde frisches Salzwasser mit Öl und Zitronensaft (oder Essig) zum Kochen bringen, die in 5 cm lange Stückchen geschnittenen Schwarzwurzeln hineingeben und in ca. 30 Minuten weich kochen. In zerlassener Butter das Mehl mit dem Saucenbesen gut verrühren, mit wenig Kochwasser löschen und mit dem Rahm zu einer sämigen Sauce verkochen. Mit Salz, Muskatnuß, nach Belieben auch noch mit einem Schuß Zitronensaft würzen. Zum Schluß mit verquirltem Eigelb legieren und sofort, ohne weiter kochen zu lassen, über die abgegossenen heißen Wurzeln schütten und auftragen. Dazu Semmel-Croûtons! Wie alle Gemüse in Frankreich ein Gang für sich!

Ausgebackene Schwarzwurzeln
Salsifis frits

500–750 g Schwarzwurzeln, 1 Tasse Weinessig, 1 Eßlöffel Mehl, Salzwasser, 1 Zitrone, 1 Eßlöffel feingehackte Petersilie, Ausbacköl, Zitronenviertel, 1 Sträußchen Petersilie

Ausbackteig: 125 g Mehl, 1 Eßlöffel Öl, 1 Ei, Salz, etwas Weißwein

Schwarzwurzeln wie beschrieben sauber bürsten, abschaben, in gemehltes, gesäuertes kaltes Wasser legen. Die in 6 cm lange Stückchen geschnittenen Wurzeln in frischem Salzwasser, das mit Zitrone gesäuert wurde, halb weich kochen, abgießen, gut abtropfen lassen, mit etwas Zitronensaft netzen und mit feingehackter Petersilie bestreut, beiseite stellen. Einen dickflüssigen Pfannkuchenteig aus Mehl, Ei, Öl, Salz und wenig Weißwein bereiten und abrasten lassen. Dann die Schwarzwurzeln

Stück um Stück in den Teig tauchen und in siedendem Ausbacköl (nicht zu viel auf einmal) unter einmaligem Wenden goldgelb backen. Auf Küchenkrepp abtropfen lassen, warm halten, bis alle ausgebacken sind. Mit Zitronenvierteln und dem zuletzt ausgebackenen Petersiliensträußchen garniert auftragen. Als Vorspeise oder Zwischengericht!

Sellerie

Die Heimat des Selleries (lat. *apium graveolens*) sind die Küsten des Mittelmeeres. Im Altertum galt Sellerie als Symbol der Trauer. Wie heute mit Efeugrün schmückten die alten Griechen die Gräber mit Selleriegrün. Aber Griechen und Römer schätzten die Knollen auch als Aphrodisiakum und kultivierten schon früh die im Mittelmeergebiet wild wachsende Pflanze.

Die ätherischen Öle des Selleries erweitern die Nierengefäße und wirken entwässernd und entschlackend; sie gelten als Heilmittel gegen mancherlei Gebresten wie Rheuma und Ischias.

Es gibt den Knollensellerie, der als Salat, Gemüse und Suppengewürz verwendet wird, und den bei uns weniger bekannten Stangen- oder Bleichsellerie, dessen lange Blattstiele durch Zusammenbinden gebleicht werden und die besonders gern in England und Amerika roh als Vorspeise genossen werden. Im Süden fehlt Bleichsellerie in keiner Minestrone. Und es gibt köstlich zarte Bleichselleriegerichte, die wir versuchen sollten, wenn Selleriestauden, wie jetzt häufig, auf unseren Märkten erscheinen.

Zu den Abbildungen:
1. Grüne Bohnen nach norddeutscher Art (siehe Seite 34)
2. Succotash (indianisches Maisgericht, Seite 102)
3. Brokkoli (Rezept auf Seite 41)
4. Spargel, in Schinken gewickelt (Spargelrezepte Seite 142–145)

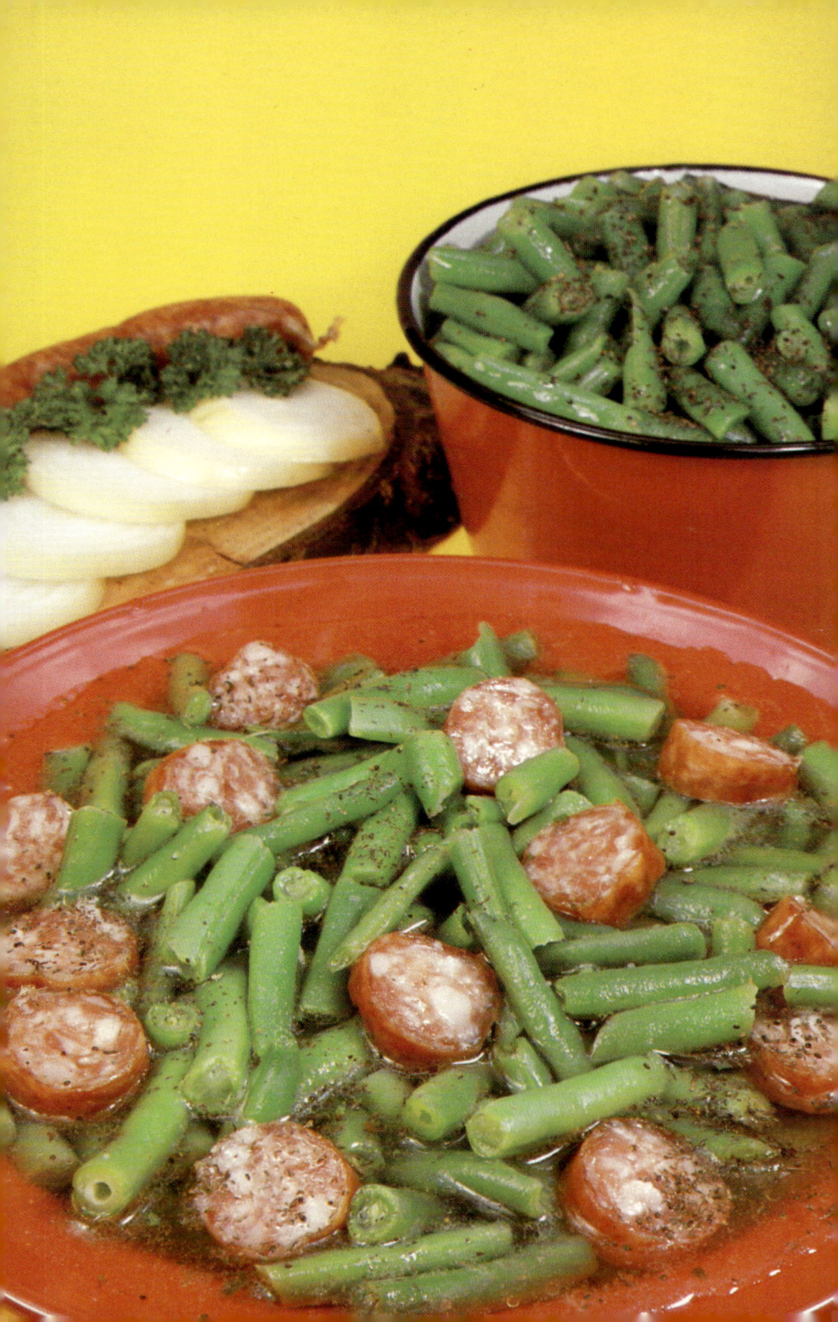

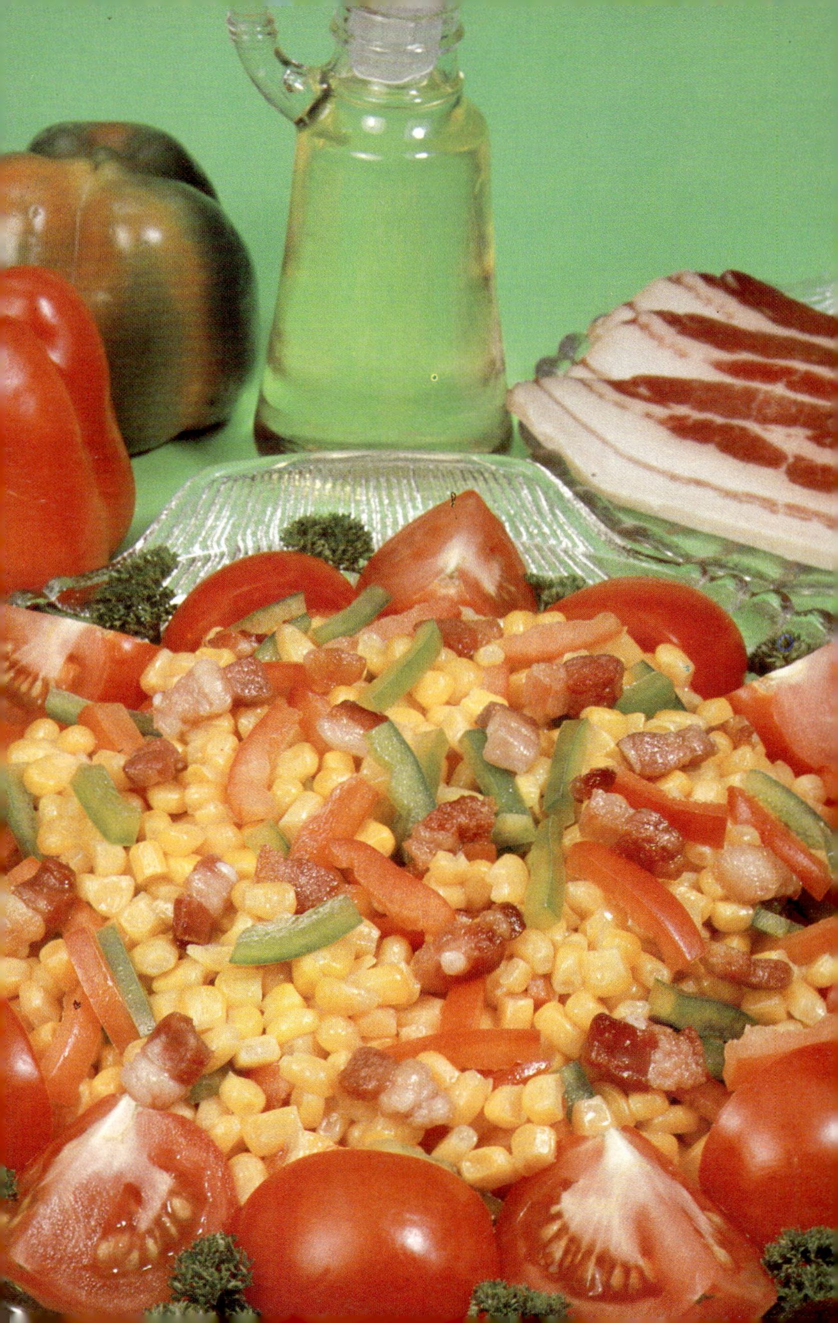

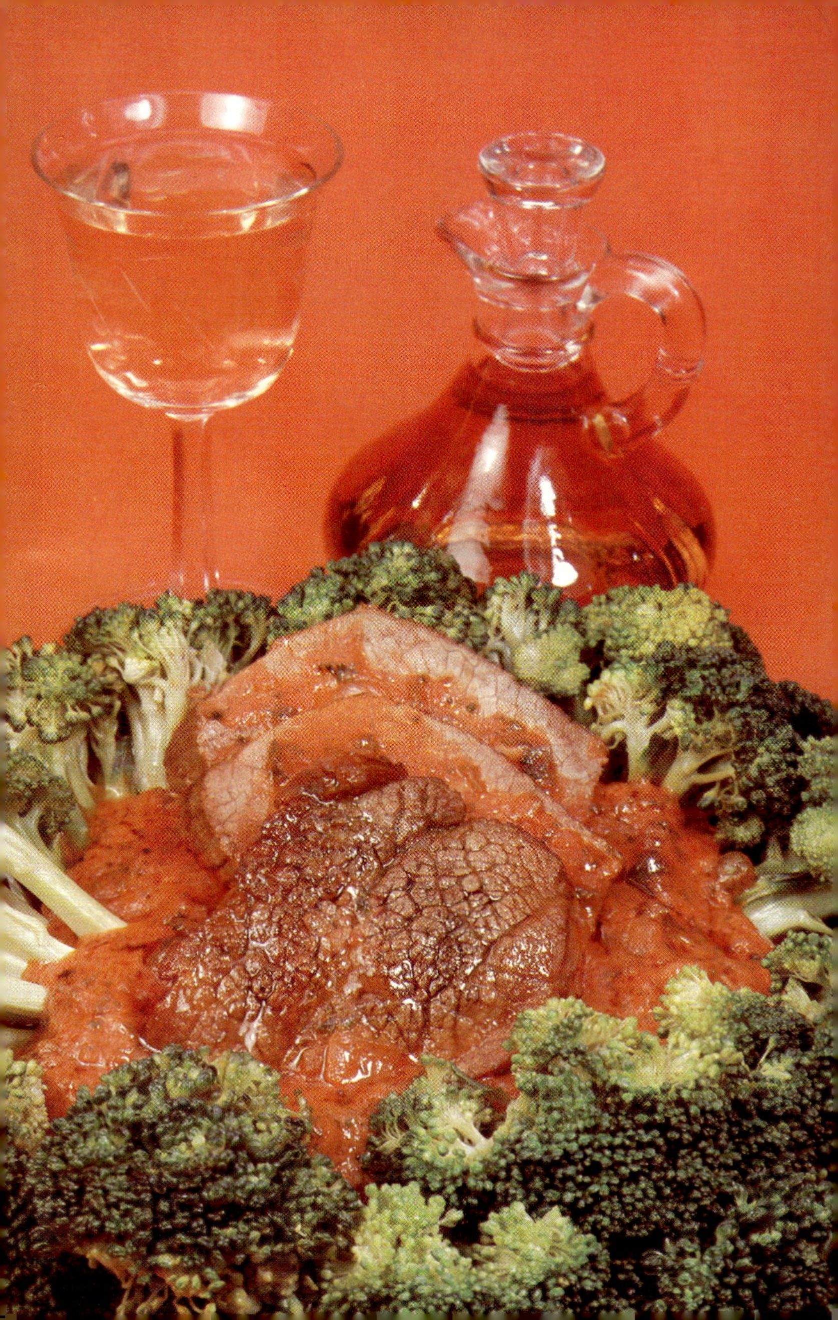

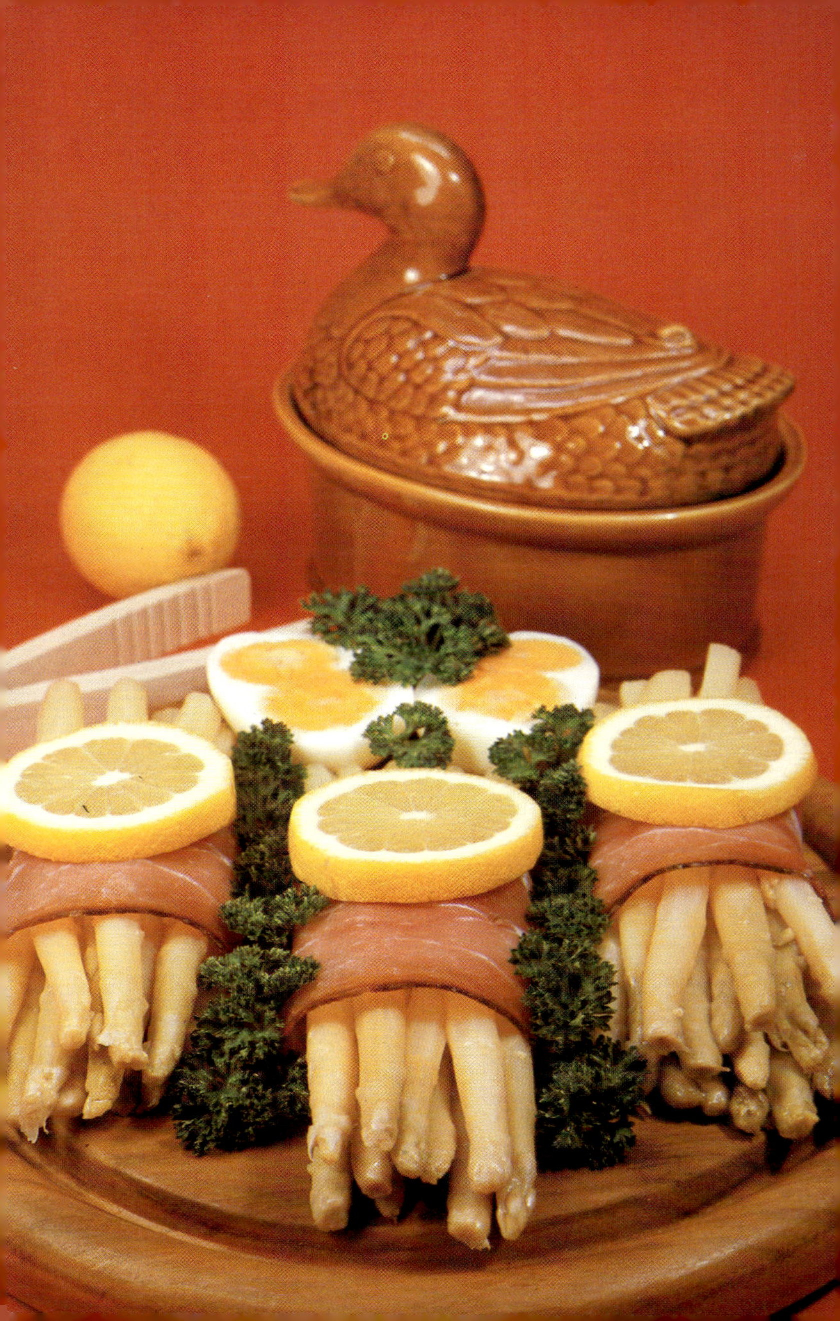

Selleriepüree nach französischer Art
Purée de céleri rave

2 schöne Sellerieknollen, Salzwasser, 1 Kräutersträußchen: Petersilie, Thymian, Lorbeer, 250 g gekochte Maronen, 40–50 g Butter, etwas heiße Milch, 1 Schuß Madeira

Sellerieknollen schälen, in Würfel schneiden, in wenig Salzwasser mit einem Kräutersträußchen weich kochen, abgießen und die Kräuter entfernen. Selleriewürfel und gekochte Maronen durch ein Sieb streichen oder im Mixer pürieren. Mit einem guten Stück Butter wieder aufs Feuer bringen, mit etwas heißer Milch sämig rühren (das Püree darf nicht zu wässerig werden) und mit einem Schuß Madeira abschmecken. Mit gebackenen Croûtons zu Wild servieren!

Knollensellerie nach normannischer Art
Céleri rave à la normande

2 Sellerieknollen, Salzwasser, 30 g Butter, 2 säuerliche Äpfel, Saft von ½ Zitrone, Salz, Pfeffer, Muskat, ½ Tasse süßer Rahm

Sellerieknollen schälen, in Streifen schneiden und in Salzwasser, am besten im Dampf, nicht zu weich kochen. Eine feuerfeste Form mit Butter ausstreichen, die Selleriestreifen hineingeben, darauf geschälte, in dünne Streifchen geschnittene Äpfel, Zitronensaft, Salz, Pfeffer, wenig Muskat, zuletzt Rahm. Noch ein paar Butterflöckchen obenauf und im mäßig heißen Rohr (200° C) etwa 15–20 Minuten überbacken. Gut zu Schweinerippchen!

Gefüllter Sellerie auf böhmische Art

4 kleine junge Sellerieknollen, Salzwasser, Butter für die Form, 4 kleine Scheiben Bacon

Fülle: 30 g Butter, 1 feingehackte Zwiebel, 200–250 g Hackfleisch (½ Rind, ½ Schwein), 2–3 Eßlöffel saurer Rahm, Salz, Pfeffer, Majoran, feingehackte Petersilie

Sellerieknollen schälen, in Salzwasser halb weich kochen und die ausgekühlten behutsam aushöhlen. Zur Fülle die Zwiebel in Butter hellgelb dünsten, das Hackfleisch rasch darin wenden, bis es nicht mehr roh erscheint. Vom Feuer nehmen, mit dem ausgekratzten feingehackten Sellerie gut vermischen. Mit Rahm glattrühren, mit Salz, Pfeffer, verriebenem Majoran und feingehackter Petersilie würzen und die Masse in die ausgehöhlten Knollen gehäufelt füllen. Alle bekommen je ein Scheibchen Bacon aufgesetzt und werden in einer gebutterten Auflaufform im Ofen (200–250° C) 15–20 Minuten überbakken.

Eine andere Fülle: Gekochtes faschiertes Rauchfleisch (Kasseler) mit feingehackten Zwiebeln, Salz, Pfeffer, Majoran gewürzt und mit saurem Rahm glattgerührt.

Bleichsellerie nach Schweizer Art

500–750 g Staudensellerie, Saft von ½ Zitrone, Salzwasser oder Fleischbrühe, 50 g Butter, 150–200 g geriebener Schweizer Käse (Emmentaler oder Greyerzer), 1 Tasse Semmelbrösel, Salz, Pfeffer, Muskatnuß, ¼ l Rahm

Ganz junger Stangensellerie braucht nur gewaschen, von den Blättern befreit und in beliebige Stücke geschnitten zu werden. Bei den ausgewachsenen Stauden müssen die Fasern abgezogen und die Streifen mit Zitronensaft benetzt werden. Der zerteilte Sellerie wird 20–30 Minuten in Salzwasser (noch besser in Fleischbrühe) gedämpft, abgegossen und in eine gebutterte Form gegeben. Immer schichtweise: eine Lage Sellerie, eine Lage geriebener Käse, eine Lage in Butter geröstete Semmelbrösel – bis der Sellerie verbraucht ist. Über das Ganze kommt Rahm, geriebener Käse und Butterflöckchen. 20 Minuten im heißen Ofen überbacken. Eine ganze Mahlzeit!

Sellerie mit Ochsenmark
Celery and marrow

1 große Sellerieknolle, Saft von ¹/₂ Zitrone, Salzwasser, 1 oder 2 Markknochen, ¹/₂ Tasse Sherry, 2 Teelöffel Sojasauce, feingehackte Petersilie, schwarzer Pfeffer aus der Mühle, nach Belieben Worcestersauce

Lassen Sie sich vom Metzger einen oder zwei schöne Markknochen in vier etwa 3–4 cm dicke Scheiben sägen und kochen Sie die Knochen in leicht gesalzenem Wasser. Nach einer halben Stunde setzen Sie einen Dampfeinsatz auf den Topf und geben den in vier daumendicke Scheiben geschnittenen und mit Zitronensaft genetzten Sellerie hinein. Die Scheiben dürfen nicht zerfallen, sollten also nicht zu weich gedämpft werden. Man richtet sie auf eine vorgewärmte Platte oder direkt auf Portionsteller an, löst das Mark behutsam aus dem Knochenrand (die Kochbrühe gibt eine gute Suppe ab) und verteilt es auf die Selleriescheiben. Noch etwas erwärmten Sherry und einige Spritzer Sojasauce über jede Portion, zuletzt etwas feingehackte Petersilie und schwarzen Pfeffer, direkt aus der Mühle. Bei Tisch macht die Worcestersauce die Runde. Eine Küchenfama besagt, daß dieses Lieblingsgericht der Königin Victoria auf ein Rezept aus den englischen Kolonien zurückgeht. Ein Vorgericht, das Männern gut schmeckt. Mit Toast ein Abendessen!

Bleichsellerie auf sizilianische Art
Sedano alla siciliana

500–750 g zarter Bleichsellerie, ½ l Fleischbrühe, 3–4 Eßlöffel Öl, 1 Tasse geriebener Parmesankäse, schwarzer Pfeffer aus der Mühle, 4 Sardellenfilets

Bleichsellerie gut waschen, von den Blättern und notfalls von den Fasern befreien, in 5 cm lange Streifen schneiden und in Fleischbrühe auf kleinem Feuer weich dünsten. Mit dem Seihlöffel herausnehmen (die Brühe gibt eine gute Suppe ab) und in eine geölte feuerfeste Form schichtweise mit geriebenem Parmesan ordnen. Dazwischen die zerpflückten Sardellenfilets und schwarzer Pfeffer direkt aus der Mühle. Mit dem restlichen Öl übertröpfeln und im vorgeheizten Rohr (250 bis 300° C) 10–15 Minuten backen, bis der Käse zu schmelzen beginnt. Toast oder geröstete Semmelcroûtons dazu! Ein herzhafter Imbiß!
Eine norditalienische Variante: Statt Sardellenfilets – 1 Tasse Schinkenwürfel, Butter statt Öl.

Bleichsellerie auf chinesische Art

500 g zarter Bleichsellerie, 2–3 Eßlöffel Öl, 1–2 Eßlöffel Sojasauce, 1 Eßlöffel Zitronensaft, 3 in Sirup eingemachte Ingwerzehen

Hierzu sollte man ganz jungen zarten Bleichsellerie nehmen, der nicht geschält und nicht lange gedünstet zu werden braucht. Man gießt kochendes Wasser über den in 2 cm lange Stückchen geschnittenen Stangensellerie, läßt ihn 5–10 Minuten stehen, gießt das Wasser ab und läßt die Stückchen auf einem Sieb abtropfen. Dann schwenkt man den Sellerie nur ein paar Minuten in heißem Öl in der Pfanne, schmeckt mit Sojasauce und Zitronensaft ab und serviert heiß, mit feinen Streifchen Ingwer vermischt, Reis dazu!

Sellerie nach badischer Art

2 kleine junge Sellerieknollen, 65–80 g magerer Räucherspeck oder Schwarzwälder Schinken, Salz, Pfeffer, 1–2 Tassen Fleischbrühe, 1/2 Tasse dicker Rahm, 1 Eßlöffel Zitronensaft

Sellerie schälen und in dünne Scheibchen schneiden. Eine feuerfeste Form mit Bacon- oder Schinkenscheiben auslegen, darauf die Sellerieschiebchen, sparsam mit Salz und Pfeffer bestreut, verteilen, zuletzt die Fleischbrühe etwa bis zur halben Höhe angießen. Zudecken und im Ofen bei schwacher Hitze gar dünsten. 10 Minuten vor dem Auftragen Rahm und Zitronensaft darüberschütten. Dazu Backkartöffelchen!

Gebackener Sellerie nach italienischer Art
Sedano fritto

1 große oder 2 kleine Sellerieknollen, Salzwasser, Saft von 1/2 Zitrone, Mehl zum Einwälzen, 2 Eier, Salz, Pfeffer, feine Semmelbrösel, Öl zum Ausbacken, feingehackte Petersilie

Die Knollen schälen, in fingerdicke Scheiben schneiden und in Salzwasser, das mit Zitronensaft gesäuert wurde, halb weich kochen *(al dente)*. Die Scheiben sollen einen festen Kern behalten. Mit dem Seihlöffel aus dem Wasser nehmen, auf Küchenkrepp abtrocknen, in Mehl, dann in verquirlten, mit Salz und Pfeffer gewürzten Eiern, zuletzt in Semmelbröseln wälzen und in heißem Öl in der Pfanne auf beiden Seiten goldgelb backen. Mit feingehackter Petersilie bestreut servieren. Eine Beilage zu Fleisch oder Fisch. Mit Tomatensauce und geriebenem Parmesankäse – eine ganze Mahlzeit!

Spargel

Die Urheimat des Spargels (lat. *asparagus officinalis*), dieser feinsten aller Gemüsearten, ist Asien. Im antiken Griechenland galt Spargel, der überall an den Gestaden des Mittelmeeres wild wächst, noch als Arzneipflanze. Aber schon im 2. Jahrhundert vor Christus betrieben die Römer den Spargelanbau. Sie veredelten die grünen, bitterlichen Schößlinge zu köstlichen Spargelstangen von einzigartigem Geschmack.

Es gibt grünköpfige Spargel, weiße und rötlich-violette. In Deutschland schätzt man vor allem den ganz weißen, aber Spargel mit grünen und violetten Spitzen, der aus Frankreich und Italien im Frühling, im März und April, auf unsere Märkte kommt (und die schöne Spargelzeit, die hier auf den Mai und Juni fällt, erheblich verlängert) ist nicht minder schmackhaft, zudem vitaminreicher. Und wer einmal den wild wachsenden dünnen grünen Spargel in Italien gekostet hat, wird vielleicht sogar diesem den Vorzug geben.

Der Nährwert des Spargels ist gering, aber durch seinen Reichtum an Vitaminen und Mineralsalzen gehört er zu den gesündesten Gemüsen. Er ist gut gegen Gicht, Stein- und Blasenleiden. Sein häufiger Genuß im Frühling fördert die schlanke Linie und gilt als eine Verjüngungskur.

Spargel wird vom Kopf zum Ende zu geschält: dünn am Kopf und, je nach Beschaffenheit, dicker zum Ende zu. Die holzigen Enden werden abgeschnitten, können aber mit den Schalen zu guten Suppen ausgekocht werden. Die Kochmethode: lose oder gebündelt in reichlich leicht gesalzenem Wasser mit einem Schuß Zitronensaft, einem Löffel Öl und einem Löffelchen Zucker. Die übliche Art, Spargel zu servieren: mit frischer Butter, mit Sauce hollandaise und mit Schinken.

Spargel à la Fontenelle
Asperges à la Fontenelle

1 kg Spargel, Salzwasser, 1 Schuß Zitronensaft, 1 Eßlöffel Öl,
1 Teelöffel Zucker, 80 g Butter, 4 weichgekochte Eier.

Spargel mit weich (halbweich) gekochten Eiern und frischer Butter nennt man in Frankreich à la Fontenelle, weil der große Aufklärer des 18. Jahrhunderts Spargel so liebte.
Spargel schälen, in siedendes Salzwasser legen, Zitronensaft, Öl, Zucker beifügen und je nach Dicke 20–25 Minuten zugedeckt kochen. Mit zwei Schaumlöffeln, gut abgetropft, auf eine vorgewärmte Platte heben, mit zerlassener Butter begießen und mit 4 halbweich gekochten, geschälten Eiern (4–5 Minuten) umlegen. In Frankreich taucht ein jeder seine Spargelstangen wie Brot in das halbierte Ei und verspeist sie genüßlich. Mit Brot wird der Rest aus dem Teller ausgetunkt.

Spargel nach Florentiner Art
Asparagi alla fiorentina

1 kg Spargel, Salzwasser, 1 Eßlöffel Öl, 1 Eßlöffel Zitronensaft,
1 Teelöffel Zucker, 50 g Butter, 100 g geriebener Parmesan,
schwarzer Pfeffer aus der Mühle

Spargel wird in Italien häufig auf einer runden Schüssel aufgetragen: die Stangen mit den Köpfen zur Mitte zu, so daß man sie leicht anfassen kann. Mit den Händen essen, ist bei Spargel nicht nur erlaubt, sondern gerne befolgte Vorschrift.
Spargel schälen, in vier Bündel zusammenbinden und in Salzwasser mit Öl, Zucker und Zitronensaft weich kochen, herausnehmen, gut abtropfen lassen. Eine runde Platte mit Butter bestreichen, darauf die Spargelstangen, vom Bindfaden befreit, mit den Köpfchen zur Mitte zu ordnen und dick mit geriebenem Parmesan bestreuen. Die restliche Butter in Flöckchen darüber verteilen und die Platte für ein paar Minuten in

den vorgeheizten Ofen schieben, bis der Käse zu verlaufen beginnt. Ein köstliches Vorgericht. Mit Spiegeleiern oder Schinkenscheiben – eine ganze Mahlzeit!

Spargel auf polnische Art
Sparscha po poljski

1 kg Spargel, Salzwasser, 1 Eßlöffel Öl, 1 Schuß Zitronensaft, 1 Teelöffel Zucker, 50 g Butter, 60 g magere Speckwürfel, 3 hartgekochte Eier, 2 Eßlöffel feingehackte Petersilie

Spargel auf die übliche Art kochen, mit zwei Seihlöffeln aus dem Sud heben, abtropfen lassen, auf eine vorgewärmte Platte heben, warm stellen. Räucherspeckwürfel in etwas Butter rösch rösten, mit feingehackten harten Eiern und Petersilie mischen und über die Spargelstangen verteilen. Zuletzt mit rauchend heißer Butter übergießen und sofort auftragen. Mit jungen Kartoffeln eine ganze Mahlzeit!

Brechspargel auf baltische Art

1 kg dünner Spargel, Salzwasser, 1 Schuß Zitronensaft, 50 g Butter, 2 Eßlöffel Mehl, Salz, Muskatnuß, 2 Eßlöffel Rahm, 2 Eigelb, 100 g entschalte Krabben, feingehackter Dill

Spargel schälen, in fingerlange Stücke schneiden und in Salzwasser mit einem Schuß Zitronensaft weich kochen. Aus Butter und Mehl eine helle Einbrenne bereiten, mit Spargelkochwasser ablöschen und sämig kochen. Die Spargelstückchen hineingeben, mit geriebener Muskatnuß, notfalls noch mit Salz nachwürzen, mit Eigelb und Rahm legieren. Nicht mehr kochen lassen, nur die Krabben (statt der im Baltikum traditionellen Krebsschwänzchen) im Spargelgemüse erwärmen und mit Dill bestreut servieren. Mit jungen Kartoffeln ein Johannisessen meiner Kinderzeit.
Der Johannistag (24. Juni) bedeutet Ende der Spargelzeit!

Spargel mit spanischer Knoblauchsauce
Esparragos con alioli

1 kg Spargel, Salzwasser, Saft von ½ Zitrone, 1 Eßlöffel Öl, 1 Teelöffel Zucker

Zur Sauce: 10 Knoblauchzehen, Salz, Pfeffer, 1 Eßlöffel gemahlene Mandeln, 3–4 Eßlöffel Olivenöl, 1 Eßlöffel Weinessig, 2 Eßlöffel Kräuter: Petersilie, Schnittlauch, Basilikum

Spargel wie üblich kochen. Zur Sauce die Knoblauchzehen durch die Knoblauchpresse drücken, mit Salz, Pfeffer und geriebenen Mandeln im Porzellanmörser ganz fein zerstoßen. Tröpfchenweise, wie zur Mayonnaise, Öl und Essig hinzugeben, zum Schluß die feingehackten Kräuter untermischen. Die Stangenspargel aus dem Sud heben, gut abgetropft auf eine vorgewärmte Platte ordnen und die dickliche, duftende Sauce darüberhäufeln. Ein apartes Vorgericht – für Knoblauchliebhaber!

Spargel mit Mandeln
Asperges aux amandes

Ein Rezept aus der welschen Schweiz.

1 kg Spargel, Salzwasser, 1 Eßlöffel Öl, 1 Teelöffel Zucker, 1 Schuß Zitronensaft, ½–1 Tasse Mandelsplitter, 1 Eßlöffel Semmelbrösel, 60–80 g Butter

Spargel auf die übliche Art kochen (siehe vorhergehende Rezepte), gut abgetropft auf eine vorgewärmte flache Schüssel heben, mit in Butter gerösteten Mandelsplittern und Semmelbröseln bestreuen und die restliche braune Butter darübergießen.

Spinat

Wie viele unserer Gemüsearten stammt auch der Spinat aus Asien, genauer aus Persien. Der Name geht auf persisch *äspänah*, arabisch *isfinag* zurück und gelangte über Südspanien zuerst in die romanischen Sprachen.

Spinat ist in Nord und Süd wohl das beliebteste aller Gemüse. Er ist fast das ganze Jahr über frisch zu haben und auch tiefgefroren von vorzüglicher Qualität. Spinat enthält die Vitamine A, B und C, Jod und Eisen, wenn auch der Eisengehalt nicht so beträchtlich ist, wie eine Zeitlang angenommen wurde. Spinat ist also gesund und leicht bekömmlich, eine beliebte Babykost, ein Magenkehrer, ein *balai de l'estomac*, wie ihn die Franzosen nennen.

Hierzu ein Tip: Spinat nie aufwärmen! Weil heute alles Gemüse mit Kunstdünger gezogen wird, entwickeln sich gerade beim Spinat durch wiederholte Erwärmung unbekömmliche chemische Verbindungen.

Und noch ein Tip: Für alle Rezepte, in denen gehackter Spinat vorgeschrieben ist, kann der vorzügliche tiefgekühlte Spinat verwendet werden.

Spinat auf afrikanische Art (Watendra)

1 kg Blattspinat, 2 Eßlöffel Öl, 1 Knoblauchzehe, 1 Tasse geriebene geröstete Erdnüsse, Salz, Pfeffer, 1 Eßlöffel Zitronensaft, 4 Bananen, 1 Teelöffel Ingwerpulver

Verlesenen, gewaschenen Spinat im eigenen Saft dünsten. In heißem Öl (Hälfte der angegebenen Menge) eine Knoblauchzehe ihr Aroma entfalten lassen und wieder entfernen. Den auf einem Sieb abgetropften Spinat hinzugeben, gut durchschwenken, mit Salz, Pfeffer und Zitronensaft würzen, zuletzt die geriebenen gerösteten Erdnüsse untermischen. Warm stellen. Im restlichen Öl vier der Länge nach halbierte Bananen von beiden Seiten goldgelb braten, mit Ingwerpulver bestäuben und auf dem heißen Spinat anrichten. Apart! Wird in Afrika auch kalt gegessen!

Spinat nach Araber-Art

1 kg Blattspinat, 1 Tasse Öl, 2–3 Knoblauchzehen, Saft von $1/2$ Zitrone, Salz, Pfeffer, 1 Teelöffel Ingwerpulver, $1/2$ Teelöffel Koriander, 2 Becher Joghurt

Verlesenen, entstielten Spinat waschen, abtropfen lassen. In heißem Öl die Knoblauchzehen goldgelb rösten und wieder entfernen. Nun den Spinat im Öl schwenken, bis er ganz überglänzt ist. Zitronensaft zugießen, mit Salz, Pfeffer, Ingwerpulver und zerstoßenem Koriander würzen und das Ganze im offenen Topf, unter ständigem Rühren, gar werden lassen. Auf eine vorgewärmte Platte breiten und bei Tisch mit Joghurt übergießen. Dazu gehört das arabische Fladenbrot!

Spinat auf chinesische Art

500 g junger Blattspinat, 3–4 Eßlöffel Sesamöl (Sonnenblumenöl), 1 zerdrückte Knoblauchzehe, 1 Prise Salz, 1 Eßlöffel Sojasauce, 4 Eier, 1 Tasse entschalte Krabben

Verlesenen, gewaschenen Spinat in Streifen schneiden, in heißem Öl mit einer Knoblauchzehe unter Rühren andünsten, mit wenig Salz und Sojasauce (ist sehr salzig) würzen und zugedeckt weich dünsten. Verquirlte Eier darübergießen und rühren, bis die Eier gestockt sind. Zuletzt, nur zum Erwärmen, die Krabben untermischen. Trockenen Reis dazu und mit Stäbchen verspeist!

Spinatomeletten (spanisch)
Fritos de espinacas

1 kleine Packung tiefgefrorener Spinat, 1 geriebene Zwiebel, 1 zerquetschte Knoblauchzehe, 30–40 g Butter, Salz, Pfeffer, Muskat, 4–5 Eier, Ausbacköl

Zwiebel und Knoblauchzehe in Butter dünsten, den gefrorenen Spinat dazugeben und über kleinem Feuer unter gelegentlichem Rühren auftauen lassen. Mit Salz, Pfeffer, Muskat würzen und weiter rühren, bis alle Flüssigkeit so ziemlich verdampft ist. Vom Feuer nehmen, auskühlen lassen, dann mit verquirlten Eiern mischen und in kleinen, gut geölten Pfännchen ausbacken. Als Beilage zu Fisch!

Osterpastete (südamerikanisch)
Torta pascualina

ist eine nahe Verwandte der griechischen Spanakopita und des türkischen Börek, beides Pasteten mit Spinatfüllung.

Zum Teig: 250–300 g Mehl, Salz, 2 Eigelb, 4 Eßlöffel Olivenöl, etwas heißes Wasser

Fülle: 1 große Packung Spinat, 1 Eßlöffel Öl, Salz, Pfeffer, Muskat, ¹/₂ Tasse geriebener Käse

Fett für die Backform, 4 Eier, 1 Eigelb zum Bestreichen

Mehl, Eigelb, Salz, Olivenöl (einen Eßlöffel Öl zurückbehalten) und so viel heißes Wasser verkneten, daß ein Teig entsteht, der weder an den Händen noch am Nudelbrett kleben bleibt. Mit einem erhitzten Topf zugedeckt, etwas ruhen lassen. In der Zwischenzeit den auf einem Sieb aufgetauten Spinat mit etwas Öl, den Gewürzen und dem geriebenen Käse vermischen. Nun den Teig so dünn wie möglich ausrollen – zu drei runden Platten in der Größe der Auflaufform. Zwei davon, jede einzelne mit dem zurückbehaltenen Öl bestrichen auf den gefetteten Boden der Backform geben, den Rand dabei etwas hochziehen. Darauf dick den Spinat häufeln und mit einem Kartoffelstampfer 4 Mulden hineindrücken. In jede Mulde behutsam ein frisches Ei schlagen. Schließlich die dritte Teigplatte darüber breiten. Die Ränder mit den Bodenplatten fest zusammenkneifen, ein paarmal hineinstechen, damit der Dampf abziehen kann, das Ganze mit verquirltem Eigelb bestreichen und die österliche Spinatpastete bei guter Hitze (250° C) im Ofen 40–50 Minuten goldgelb backen.

Blattspinat nach sizilianischer Art
Spinaci alla siciliana

1 kg zarter junger Spinat, Salz, Pfeffer, ¹/₂ Tasse Olivenöl, 2 Knoblauchzehen, ¹/₂ Tasse Pinienkerne, 1 Handvoll blanchierte Rosinen, Semmelcroûtons

Spinat waschen, abtropfen lassen und im eigenen Saft, gut zugedeckt, unter gelegentlichem Umrühren weich dünsten. Mit

Salz und Pfeffer würzen. In heißem Olivenöl zuerst die Knoblauchzehen gelb rösten und wieder entfernen (Knoblauchliebhaber lassen feingehackten Knoblauch im Öl). Dann die Pinienkerne rösten, die blanchierten Rosinen beigeben, zuletzt den leicht ausgedrückten Spinat. Schwenken und rühren, bis der Spinat ganz vom Öl überglänzt ist, und sogleich servieren. Dazu in Öl geröstete Semmelcroûtons. Eine beliebte Beilage zu gebratenem Fisch!

Eine Variante: 2–3 zerpflückte Sardellenfilets im Öl schmelzen lassen, ehe man Pinienkerne, Rosinen und den Spinat hinzufügt.

Spinat in Rahm (französisch)
Épinards à la crème

750–800 g Spinat, 1 geriebene Zwiebel, 40–50 g Butter, Salz, Pfeffer, Muskat, etwas abgeriebene Zitronenschale, 1/2 Tasse dicker Rahm

Hierzu kann man auch alten, sogenannten Winterspinat gut verwenden. Entstielen, gut waschen, im eigenen Saft weich dünsten und, wenn er etwas ausgekühlt ist, fein hacken oder im Mixer pürieren. Das Spinatmus mit einer geriebenen Zwiebel in Butter unter Rühren abdampfen lassen, mit Salz, Pfeffer, wenig Muskat und etwas abgeriebener Zitronenschale würzen. Zum Schluß dicken süßen Rahm darübergießen und heiß servieren. Wer den Spinat etwas dicker mag, kann einen halben Teelöffel Stärkemehl unter den Rahm rühren. Mit Spiegeleiern oder verlorenen Eiern und Salzkartoffeln – eine Mahlzeit!

NB: Auf die gleiche Weise wird in Frankreich Sauerampfer zubereitet, der bei uns – vielleicht wegen seiner Oxalsäure – etwas aus der Mode und selten zu haben ist.

Spinat mit Eiern (spanisch)
Espinacas con huevos

750 g Spinat (1 große Packung tiefgefrorener), 2 Knoblauchzehen, ¹/₂ Tasse gemahlene Mandeln, Salz, Pfeffer, 1 Messerspitze Muskat, 1 Messerspitze Nelkenpulver, ¹/₂ Teelöffel Kümmel, 3–4 Eßlöffel Öl, ¹/₂ Tasse feine Semmelbrösel, Butter für die Form, 4 Eier

Hierzu eignet sich tiefgefrorener Spinat ganz vorzüglich. Während der Spinat auftaut, verreibt man im Porzellanmörser (Mixer) Knoblauchzehen, einen kleinen Löffel Mandeln, Salz, Pfeffer, Muskat, Nelkenpulver und Kümmel und verührrt alles mit wenig Öl zu einer glatten Paste. Das restliche Öl wird erhitzt und die Paste unter Rühren angedünstet (sie darf nicht Farbe annehmen, sondern soll nur die ätherischen Öle lösen). Dazu den Spinat, und bei guter Hitze fleißig gerührt, bis die sich bildende Flüssigkeit eingedampft ist. Den Spinatbrei dann mit Semmelbröseln und den restlichen Mandeln vermischen und in eine gut gefettete Auflaufform geben. Behutsam vier frische Eier darüberschlagen und im heißen Ofen überbacken, bis das Eiweiß gestockt, das Gelb aber noch weich ist. Dazu geröstete Toastschnitten!

Spinatauflauf (griechisch)
Spanakosufle

Spinatauflauf ist wie auch Spanakopita, die Blätterteigpastete mit Spinat, in Griechenland sehr beliebt.

1 große Packung tiefgefrorener Spinat, 3–4 Eßlöffel Öl, 1 geriebene Zwiebel, 3–4 Eßlöffel Mehl, 2 Tassen Milch, Salz, Pfeffer, Muskat, 4 Eier getrennt, 125 g geriebener Schweizer Käse, Butter für die Form, Joghurt

Während der aus der Packung genommene Spinat auf einem Sieb auftaut, bereitet man eine dicke Béchamelsauce, indem man Öl, geriebene Zwiebel und Mehl auf dem Feuer gut verrührt, die lichte Einbrenne zuerst mit ein wenig kaltem Wasser löscht, dann mit Milch zu einer dicken Sauce verkocht. Abseits vom Feuer mischt man die Masse mit Salz, Pfeffer, Muskat, mit dem aufgetauten Spinat, dem Eigelb und dem geriebenen Schweizer Käse (statt des in Griechenland gebräuchlicheren, zerbröckelten Schafkäses). Zuletzt hebt man behutsam das steifgeschlagene Eiweiß unter die Masse, füllt diese in eine gefettete Auflaufform und bäckt das Soufflé bei etwa 250° C 45–60 Minuten. Sofort servieren. Mit Joghurt bedient sich bei Tisch ein jeder selbst.
Gut zu wissen: Ähnlich wird Spinatauflauf in Rußland zubereitet.

Spinatpudding nach kurländischer Art

1 große Packung tiefgefrorener Spinat, 1 Tasse feine Semmelbrösel, 1 Tasse dicker saurer Rahm, 4 Eier, getrennt, 50 g Butter, Salz, Pfeffer, Muskat

Spinat auf einem Sieb auftauen lassen. Semmelbrösel, Rahm und Eigelb unter den aufgetauten Spinat ziehen, auch ein Löffelchen geschmolzene Butter, Salz, Pfeffer, Muskat, zuletzt das sehr steif geschlagene Eiweiß. Die Masse in eine gut gefettete Form geben, mit Butterflöckchen bestecken und bei mäßiger Hitze (200–250° C) ca. 45 Minuten backen.
Im alten Kurland wurde Spinatauflauf zu gebratener Kalbsleber serviert. Oder mit einer Krebsschwänzchensauce!

Spinatnockerl (Florenz)
Gnocchi verdi

1 große Packung tiefgefrorener Spinat, 1 Eßlöffel Öl, Salz, Pfeffer, Muskat, 1 zerdrückte Knoblauchzehe, 150 g geriebener Parmesan, 2 Eier, 1 Tasse feine Semmelbrösel, 60 g Butter

Tiefgefrorenen Spinat auf einem Sieb auftauen lassen, so daß die überflüssige Feuchtigkeit ablaufen kann. Mit Öl, Salz, Pfeffer, Muskatnuß, einer zerquetschten Knoblauchzehe verrühren. Geriebenen Parmesan, verquirlte Eier und Semmelbrösel hinzugeben und alles gut mischen. Sollte die Masse etwas zu weich sein, mit wenig Mehl eindicken. Mit einem angefeuchteten Löffel kleine Nocken abstechen und in siedendem Salzwasser kochen, bis sie oben schwimmen. Vorsicht, nicht zu viel auf einmal, damit die Nocken nicht aneinanderkleben! Auf einer angewärmten Platte anrichten, mit brauner Butter übergießen und servieren. In Florenz eine beliebte Vorspeise, ein erster Gang wie Suppe!

Eine Variante: In Spanien werden Spinatnockerl genauso zubereitet, aber nicht in Salzwasser gekocht, sondern in Öl ausgebacken und mit einer Tomatensauce als Zwischengericht serviert.

Blattspinat Tessiner Art

1 kg Blattspinat, 1 Eßlöffel Öl, 100 g magerer Räucherspeck, 1 Knoblauchzehe, Salz, Pfeffer, Muskat, 2–3 Eier, 3 Eßlöffel Rahm, $1/2$–1 Tasse geriebener Greyerzer, Butter für die Form, 50 g Emmentaler in Streifen

Den Spinat verlesen, waschen, blanchieren, auf einem Sieb abtropfen lassen und leicht ausdrücken. Speckwürfelchen in Öl langsam zergehen lassen, eine zerdrückte Knoblauchzehe und den Spinat in das Fett geben und fleißig rühren, bis der Spinat ganz vom Fett überglänzt ist. Mit Salz, Pfeffer, wenig Muskat würzen, den Deckel schließen und das Gemüse bei schwacher Hitze weich dünsten. Verquirlte Eier mit Rahm und geriebenem Käse (es kann auch Emmentaler statt des bei uns selteneren Greyerzers sein) abseits vom Feuer unter die Spinatmasse ziehen und das Ganze, auflockernd, in eine gebutterte flache feuerfeste Form geben. Dünne Streifen Emmentaler kreuzweise darüberlegen und die Form in den heißen Ofen (250° C) schieben. Überbacken, bis die Käsestreifen zu verlaufen beginnen. Mit Kartoffeln eine sättigende Mahlzeit!

Tomaten

Die Tomate (lat. *solanum lycopersicum*, italienisch *pomodoro* = Goldapfel, österreichisch Paradeisapfel, kurz Paradeis) kam schon im späten 16. Jahrhundert aus der Neuen Welt, aus Mexiko, zu uns. Der Name beweist es, denn er wird vom mexikanischen *tomatl* abgeleitet, was wiederum von *tomana* = schwellen kommt. Jahrhundertelang aber galt das Nachtschattengewächs mit den schwellenden roten Früchten im Süden Europas nur als Ziergewächs. Erst im 19. Jahrhundert wurde die Tomate für die Küche entdeckt, und noch zu Anfang unseres Jahrhunderts gab es viele, die nie eine Tomate gekostet hatten.

Die Tomate ist ein unerläßlicher Bestandteil der mediterranen Küche. In Italien, Spanien, Griechenland, überall am Mittelmeer (aber auch auf dem Balkan) gehört sie fast in alle Speisen: in Saucen, Suppen, Fleisch- und Fischgerichte.

Den Speisen begegebene Tomaten sollten stets geschält werden, um die lästigen Häutchen in den Gerichten zu vermeiden. Das geschieht, indem man die Früchte in heißes Wasser taucht, dann kalt abschreckt; die Haut läßt sich danach leicht abziehen. Auch die Kerne sollten aus den Tomaten möglichst entfernt werden, ebenso die hellen weißen Rippen. Das Entfernen der Kerne ist bei ganz reifen Tomaten leicht zu bewerkstelligen, wenn man die geschälten Tomaten in Viertel schneidet und die Viertel dann zwischen Daumen und Zeigefinger ausdrückt.

Außer den runden roten gibt es noch längliche ovale Tomaten, die in Italien gerne geschält eingedost werden und im Winter als *pelati* ein köstlicher Ersatz für frische Tomaten sind. Außerdem die großen grünlich gesprenkelten Fleischtomaten, die fast ausschließlich frisch zu Salaten verwendet werden.

Tomaten nach Hausfrauenart (italienisch)
Pomodori alla casalinga

8 große feste Tomaten, 2–3 Knoblauchzehen, 1 Eßlöffel Origano, 2–3 Eßlöffel feingehackte Petersilie, Salz, Pfeffer, 3 Eßlöffel geriebener Parmesan, 1 Eßlöffel Semmelbrösel, 1/2 Tasse Olivenöl

Tomaten waschen, abtrocknen, quer halbieren und mit einem spitzen scharfen Messer kreuzweise die Schnittfläche einschneiden. Es empfiehlt sich, sehr saftige Tomaten, mit der Schnittfläche auf Küchenkrepp gestülpt, eine Weile austropfen zu lassen. Nun den Knoblauch durch die Knoblauchpresse drücken, mit Origano und Petersilie im Porzellanmörser zusammenstampfen, die Paste mit Salz und Pfeffer würzen und in die Tomatenhälften drücken. Darüber verteilt man geriebenen Parmesankäse, Semmelbrösel und einen guten Schuß Öl. Die so vorbereiteten Tomaten in einer leicht geölten Form bei gelinder Hitze im Ofen gar werden lassen.
In Italien eine beliebte Beilage und Garnitur zu Fleisch oder Fisch.

Gefüllte Tomaten nach griechischer Art
Domates yemistes

8–12 große feste Tomaten

Fülle: 4 Eßlöffel Öl, 1 feingehackte Knoblauchzehe, 1 feingehackte Zwiebel, 250 g gemischtes Hackfleisch, 1 kleine Tasse Reis, 1 Schuß Weißwein, 1–2 Tassen Fleischbrühe, evtl. 1 Teelöffel Tomatenmark, Salz, Pfeffer, Muskat, feingehackte Petersilie, Fett für die feuerfeste Form

Den trocken abgeriebenen Tomaten einen Deckel abschneiden, dann die Früchte leicht aushöhlen und auf Küchenkrepp (umgestülpt) austropfen lassen. Das Ausgekratzte wird durch ein Sieb getrieben und für die Fülle verwendet. (Die hier angegebene Farce ist eine der beliebtesten für alle griechischen Gemüse; Tomaten, Auberginen, Gurken, Paprikaschoten, Zucchini.) In heißem Öl Knoblauchzehe und Zwiebeln andünsten, das Fleisch hineingeben und rühren, bis es nicht mehr roh erscheint, erst dann den Reis. Mit einem Schuß Wein und nach und nach mit heißer Fleischbrühe aufgießen. Den Tomatensaft aus den ausgehöhlten Früchten nicht vergessen, den man nach Belieben noch mit Tomatenmark verrühren kann. Wenn der Reis gequollen ist, mischt man die Gewürze und die feingehackte Petersilie unter die Farce, füllt damit die Tomaten und setzt die Deckelchen obenauf. Die gefüllten Tomaten werden in einer gefetteten feuerfesten Form bei mäßiger Hitze etwa 30–40 Minuten im Ofen gegart. Mit Brot eine Mahlzeit!

Tomaten nach ungarischer Art
Paradicsomos

1 kg feste Tomaten, 1 Eßlöffel zerlassenes Schweineschmalz, 2–3 feingehackte Zwiebeln, 100 g magerer Räucherspeck, Salz, Paprika, 1 Messerspitze Zucker, feingehackte Petersilie, Schnittlauch

Tomaten brühen, mit kaltem Wasser abschrecken, schälen, in Viertel schneiden und entkernen. In Fett zuerst die Zwiebeln glasig dünsten, den feingewürfelten Speck hinzugeben und, wenn beides Farbe anzunehmen beginnt, die Tomaten. Mit Salz, edelsüßem Paprika nach Geschmack und wenig Zucker würzen und, zugedeckt, weich dünsten. Mit Petersilie und Schnittlauch bestreut auftragen. Reis oder Maisbrei dazu – ergibt eine ganze Mahlzeit!

Gegrillte Tomaten nach Schweizer Art

4–6 große feste Tomaten, Salz, Pfeffer, 1 Eßlöffel Origano oder feingehacktes frisches Basilikum, 8–12 Scheibchen Emmentaler, 8–12 Scheibchen magerer Räucherspeck, feingehackte Petersilie

Zum Grillen werden die Tomaten nicht geschält, nur gewaschen und trocken abgerieben. Man halbiert sie und stülpt die Hälften auf Küchenkrepp, das die auslaufende Flüssigkeit aufsaugen soll. Dann werden die Schnittflächen mit Salz, Pfeffer und verriebenem Origano oder feingehacktem frischem Basilikum gewürzt, mit je einer passenden Scheibe Emmentaler und magerem Räucherspeck belegt und unter dem Elektrogrill geröstet, bis der Käse zu schmelzen und der Speck sich zu bräunen beginnt. Mit Toast ein köstlicher Imbiß oder eine Beilage zu gegrillten Steaks!

Tomaten mit Paprikaschoten (griechisch)
Domates me piperies

750 g Tomaten, 1 große grüne Paprikaschote, 3–4 Eßlöffel Öl, 1 Knoblauchzehe, 1–2 feingehackte Zwiebeln, Salz, Pfeffer, etwas frisches Basilikum, 4 Eier, 2 Eßlöffel geriebener Käse, feingehackte Petersilie

Tomaten und Paprikaschote brühen, mit kaltem Wasser abschrecken, schälen. Tomaten in Viertel schneiden, die weißen Rippen entfernen, Kerne und Feuchtigkeit ausdrücken. Paprikaschote halbieren, sorgfältig entkernen und in dünne Streifen schneiden. In heißem Öl zuerst die Knoblauchzehe anrösten und wieder entfernen, dann die Zwiebeln glasig dünsten, hierauf die Paprikastreifen und zuletzt die Tomatenviertel dazugeben. Mit Salz, Pfeffer, feingehacktem Basilikum würzen und alles, zugedeckt, in etwa 15 Minuten nicht zu weich schmoren. Dann die Eier, mit geriebenem Käse verquirlt, darübergießen, ein-, zweimal umrühren und stocken lassen. Mit Petersilie bestreut zu Tisch geben. Reis dazu oder Weißbrot!

Geschmorte Tomaten nach Nizzaer Art
Ragoût de tomates à la niçoise

1 kg feste Tomaten, 3 Eßlöffel Öl, 2 feingehackte Zwiebeln, Salz, Pfeffer, 1 Messerspitze Zucker, 1 Teelöffel verriebener Thymian, etwas frisches Basilikum, 3 Sardellenfilets, Petersilie zum Bestreuen, nach Belieben geriebener Parmesan

Tomaten brühen, kalt abschrecken, schälen, in Viertel schneiden und entkernen. Auf Küchenkrepp alle überflüssige Feuchtigkeit aufsaugen lassen. Im heißen Öl die Zwiebeln glasig dünsten, die Tomaten hineingeben, mit Salz, Pfeffer, wenig Zucker und verriebenem Thymian würzen und bei offenem Topf über kleiner Hitze weich dünsten. Vor dem Anrichten frisches feingehacktes Basilikum und zerpflückte Sardellenfilets untermischen. Mit Petersilie bestreut auftragen. Dazu Stangenbrot! Nach italienischer Sitte macht bei Tisch ein Schälchen mit geriebenem Parmesan die Runde. Wie alle französischen Gemüse ein separat gereichtes *entremets*.

Gefüllte Tomaten nach Pariser Art
Tomates farcis à la parisienne

8 große feste Tomaten, 40–50 g Butter, 300 g Champignons, 1 kleines Döschen Trüffelabschnitte, Salz, Pfeffer, 1 Eigelb, 1–2 Eßlöffel Rahm, feingehackte Petersilie, 3 Eßlöffel geriebener Parmesan und 1–2 Eßlöffel feine Semmelbrösel

Die Tomaten (wie im Rezept Seite 156 beschrieben) zum Füllen vorbereiten. (Tomatendeckel, Saft und Kerne können durch ein Sieb passiert zu Suppen oder Saucen verwendet werden.) In Butter (etwas davon zum Ausfetten der Form und für ein paar Butterflöckchen zurückbehalten) die geputzten, von den Lamellen befreiten und feinblätterig geschnittenen Champignons dünsten, bis das Wasser, das sie ziehen, verdampft ist. Vom Feuer nehmen, fein hacken. Mit den feingehackten Trüffeln samt Dosenflüssigkeit wieder aufs Feuer bringen, einige Minuten dämpfen, mit Salz und Pfeffer abschmecken. Dann das mit Rahm verquirlte Eigelb unterziehen und sofort vom Feuer nehmen. Noch etwas feingehackte Petersilie dazu und die Champignoncreme in die Tomaten füllen. Geriebenen Parmesan und Semmelbrösel gemischt auf die gefüllten Tomaten häufeln, ein paar Butterflöckchen daraufsetzen und in einer gebutterten Form im mäßig heißen Rohr etwa 20 Minuten überbacken. Dazu Stangenbrot!

Gebackene Tomaten nach provenzalischer Art
Tomates frites à la provençale

8–10 große feste Tomaten, Salz, Pfeffer, 1 Eßlöffel verriebener Thymian, Ausbacköl, feingehackte Petersilie, schwarze Oliven zum Garnieren

Ausbackteig: 1 Ei, 100–125 g Mehl, etwas warmes Wasser, 1 Schuß Weißwein

Tomaten brühen, mit kaltem Wasser abschrecken, schälen und in fingerdicke Scheiben schneiden. Mit Salz, Pfeffer und verriebenem Thymian würzen und eine Weile die Gewürze einziehen lassen. Inzwischen einen dicken Pfannkuchenteig bereiten und, beiseite gestellt, quellen lassen. Dann die Tomatenscheiben mit Küchenkrepp leicht abtrocknen, Stück für Stück in den Teig tauchen und in siedendem Öl ausbacken. Gut abgetropft, mit Petersilie bestreut anrichten und mit gewässerten entkernten schwarzen Oliven garnieren.

Gut zu wissen: Auf ungarische Art werden gewürzte Tomatenscheiben in Ei und Semmelbröseln gewälzt und in Schweineschmalz ausgebacken.

Tomaten nach baskischer Art
Tomates à la vizcaina

750 g Tomaten, 4 Eßlöffel Öl, 1 feingehackte Zwiebel, 2 zerdrückte Knoblauchzehen, 1 kleine grüne Paprikaschote, Salz, Pfeffer, 1 Teelöffel Thymian, etwas feingehackte Petersilie, 1 Handvoll gewässerte schwarze Oliven

Tomaten brühen, mit kaltem Wasser abschrecken, schälen und in dicke Scheiben schneiden. In heißem Öl zuerst die Zwiebel und die Knoblauchzehen andünsten, die in Streifen geschnittene, entkernte Paprikaschote beifügen und fleißig die Pfanne schwenken. Wenn die Paprikastreifen etwas zusammengeschrumpft sind, die Tomaten hineingeben, mit Salz, Pfeffer und Thymian würzen, die Pfanne zudecken und alles weich schmoren (10–15 Minuten). Petersilie bestreut und mit entkernten schwarzen Oliven garniert, zu Tisch geben. Dazu Stangenbrot!

Eine Variante: Das fertige Tomatengemüse wird auf feuerfeste Portionspfännchen verteilt, je ein Ei daraufschlagen und die Pfännchen in den Ofen geschoben – bis das Eiweiß gestockt, das Eigelb aber noch weich ist.

Gefüllte Tomaten Tessiner Art

9 große feste Tomaten, 200 g geriebener Emmentaler, $1/2$–1 Tasse Rahm, 1 Ei, 1 Eigelb, Salz, Pfeffer, Muskat, 2 Eßlöffel feine Semmelbrösel, 2 Eßlöffel geriebener Parmesan oder Sbrinz, Butter für die Form, Butterflöckchen

Die Tomaten trocken abreiben, halbieren, etwas aushöhlen und umgestülpt auf Küchenkrepp austropfen lassen. Geriebenen Emmentaler mit Rahm, Ei und Eigelb vermischen (die Masse darf nicht zu flüssig sein), mit Salz, Pfeffer und wenig Muskat abschmecken. In die Tomatenhälften füllen, mit

Paniermehl und Parmesan (gemischt) bestreuen, mit Butterflöckchen bestecken und im heißen Ofen (250–300° C) 10–15 Minuten überbacken. Mit Weißbrot und Rotwein servieren.

Tomatenragout nach indischer Art
Thucahley foogaths

8 große reife Tomaten, 3–4 Eßlöffel Öl, 1 feingehackte Zwiebel, 2 zerdrückte Knoblauchzehen, 1 Messerspitze Ingwerpulver, 1 Messerspitze Chilipulver, Salz, wenig Zucker, ½ Tasse geriebene frische Kokosnuß oder Mandeln

Die Tomaten brühen, mit kaltem Wasser abschrecken, schälen, vierteln, entkernen. In heißem Öl die Zwiebel und die Knoblauchzehen ihren Duft entfalten, aber nicht bräunen lassen. Ingwer- und Chilipulver eine Minute mitdünsten, dann die Tomaten hineingeben, Salz, wenig Zucker und, so man hat, geriebene frische Kokosnuß (sonst gemahlene Mandeln). Bei kleiner Hitze garen lassen, bis die Flüssigkeit etwas verdampft ist. Eine Beilage zu gebratenen Fleischklößchen *(Kooftah)*!

Tomaten nach der Art von Lissabon
Tomates à Lisboeta

4 große Tomaten, Salz, Pfeffer, 4 pflaumenweich gekochte Eier, ½ Tasse Öl, feingehackte Petersilie

Die Tomaten halbieren, aushöhlen, umgestülpt auf Küchenkrepp etwas auslaufen lassen. Mit Salz und Pfeffer würzen. Die vier 5 Minuten lang gekochten Eier abschrecken, schälen und in die unteren Tomatenhälften geben. Die oberen Hälften darüber stülpen und in einer gut geölten Form, reichlich mit Öl beträufelt, im heißen Ofen etwa 10 Minuten überbacken. Mit Petersilie bestreut servieren. Ein aparter Imbiß!

Wirsing

Seine Herkunft zeigt Wirsing schon in seinen anderen, heute weniger gebräuchlichen Namen an: Welschkohl, Savoyer Kohl (französisch: *chou de Milan*). Er kam im 18. Jahrhundert aus Savoyen, aus Oberitalien zu uns. Der gekräuselte, grünlichgelbe Wirsing ist zarter, leichter verdaulich als Weißkohl, reich an Vitaminen (A, B und C) und sehr gesund für Knochenwuchs und Zähne, da er von allen Gemüsearten am meisten Kalk enthält. Alle Rezepte für Weißkohl sind auch für Wirsing anwendbar.

Wirsing in Rahm
Chou de Milan à la crème

ist eine Spezialität von Armagnac.

1 Wirsingkohl von 1–1½ kg, Salzwasser, 40 g Butter, 125 bis 150 g Schinkenwürfel, Salz, Pfeffer, Muskat, 1 Tasse Rahm, 1 Schuß Armagnac, 3–4 Eßlöffel geriebener Käse

Den geputzten, von den äußeren harten grünen Blättern befreiten Wirsing in Viertel schneiden, den Strunk entfernen, die dicken Rippen herausschneiden und die Viertel in kochendem Salzwasser 5–10 Minuten blanchieren, dann auf einem Sieb abtropfen lassen. Butter in einem irdenen feuerfesten Topf zerlassen, den ausgedrückten Wirsing, abwechselnd mit Schinkenwürfeln, hineinordnen, jede Lage leicht mit Salz, Pfeffer, Muskat bestäuben und mit flüssiger Butter netzen. Zum Schluß den mit einem guten Schuß Armagnac verquirlten Rahm aufgießen und die Form, zugedeckt, ins vorgeheizte Rohr schieben. Nach 15 Minuten den Deckel abnehmen. Käse über den Wirsing streuen und noch 10 Minuten goldgelb überbacken.

Wirsing nach ungarischer Art
Kelkaposzta

1 Wirsingkohl von 1–1½ kg, Salzwasser, 1 Eßlöffel Schweineschmalz, 2 feingehackte Zwiebeln, 125–150 g magerer Räucherspeck, 1 Eßlöffel edelsüßer Paprika, 1 Tasse dicker saurer Rahm

Den Wirsing von den äußeren harten Blättern befreien, vierteln, den Strunk herausschneiden und in Salzwasser 5 Minuten kochen. Auf einem Sieb abtropfen lassen. In Schweineschmalz die Zwiebeln goldgelb rösten, den feinwürflig geschnittenen mageren Speck eine Weile mitrösten, dann rasch das Paprikapulver untermischen (nicht zu lange: Paprika wird in heißem Fett leicht bitter) und schließlich den ausgedrückten, grobgehackten Wirsing hinzufügen. Umrühren, damit Zwiebeln und Speck gut verteilt werden, salzen, Rahm aufgießen und, zugedeckt, etwa 15 Minuten schmoren lasesn. Dazu Salzkartoffeln!

Zucchini, Zucchetti

Sie kommen ursprünglich aus Italien, werde aber heute rund um das Mittelmeer angebaut und haben sich als Importe seit kurzem auch bei uns eingebürgert. Die grünen, schmalen, bis zu 20 und 25 cm langen Zucchini ähneln unseren Einmachgurken, sind aber fester im Fleisch und gehören in die Familie der Kürbisarten. Sie werden gekocht, gedünstet oder gebraten; auch als Salat müssen sie kurz gegart werden. Zucchetti sind größer und dicker und haben das Aussehen großer Schmorgurken. Den italienischen Zucchini (und Zucchetti) entsprechen in Südfrankreich die ebenso beliebten grünen Courgettes. Zu beachten aber ist, daß die Bezeichnung Courgettes auch für die kleinen gelben Eierkürbisse gebraucht wird.

Zucchini brauchen nicht geschält zu werden; sie werden trokken abgerieben und je nach Größe und Zartheit der Länge nach geviertelt und in kleinfingerdicke Streifen oder, wenn sie jung sind, nur in fingerdicke Rädchen geschnitten.

Gefüllte Zucchini nach Hausfrauenart
Zucchini ripieni alla massaia

4 größere Zucchini oder 2 Zucchetti, 1 Handvoll getrocknete, geweichte Steinpilze, 125 g Quark, 1–2 Eier, 2 Eßlöffel geriebener Parmesan, 1 Eßlöffel Origano, Salz, Pfeffer, 1–2 Eßlöffel Semmelbrösel, Butter für die Form, Butterflöckchen

Zucchini oder Zucchetti von Stiel und Blüte befreien, trocken abreiben, der Länge nach halbieren und behutsam mit einem Löffelchen aushöhlen. Zur Farce die Steinpilze samt Einweichwasser aufkochen, abseihen, fein hacken und gut vermischen mit dem ebenfalls feingehackten ausgekratzten Fleisch der Zucchini, mit Quark, mit einem großen oder 2 kleinen Eiern, geriebenem Parmesan, Origano, Salz und Pfeffer. Die Masse in die Zucchinihälften füllen und diese in einer gefetteten Form aneinanderreihen, mit Semmelbröseln bestreuen, mit Butterflöckchen bestecken und im heißen Ofen bei Mittelhitze (250° C) etwa 15–20 Minuten überbacken. Heiß mit einer Tomatensauce (siehe Seite 10) servieren!
Andere Farcen:
Nach provenzalischer Art: geschmorte, gehackte, mit Knoblauch und Basilikum gewürzte Tomaten und Rührei;
Nach griechischer Art: mit Kräutern gewürztes Hackfleisch und Schafkäse;
Nach römischer Art: Schinken, Kräuter und mit Wein getränkte Semmelbrösel.
Im übrigen sind alle Farcen für Auberginen, Tomaten, Paprikaschoten auch für Zucchini zu verwenden.

Zucchini-Pfanne nach spanischer Art
Cazuela de calabicines

1 kg Zucchini, ½–1 Tasse Olivenöl, 1 feingehackte Zwiebel, 1 zerdrückte Knoblauchzehe, 1 Tasse Selleriewürfel (Bleich- oder Knollensellerie), 1 entkernte rote Paprikaschote, Salz, Pfeffer, 1–2 Tassen in Öl geröstete Semmelwürfel, ½ Tasse geriebener Käse

Zucchini trocken abreiben, in Rädchen schneiden. In heißem Öl in der Pfanne zuerst Zwiebel und Knoblauchzehe andünsten, dann Sellerie und entkernte Paprikastreifen unter Rühren und Schwenken der Pfanne halb weich dämpfen. Hierauf die Zucchinirädchen beigeben, zudecken und 5–10 Minuten garen lassen, salzen, pfeffern. Die Gemüsemischung in eine feuerfeste Form geben, mit separat in Öl gerösteten Semmelwürfeln decken, mit Käse bestreuen und im Ofen kurz gratinieren. Ein Zwischengericht!

Zucchini-Frikadellen (griechisch)
Kolokithokeftedes

10 Zucchini, 2 Zwiebeln, 2 Eier, 4 Eßlöffel Semmelbrösel, 4 Eßlöffel mit der Schale geriebene Mandeln, 1 Tasse geriebener Käse, 2 Eßlöffel feingehackte Petersilie, Salz, Pfeffer, Muskat, Paniermehl zum Einwälzen, Öl zum Ausbacken

Die von Blüte und Stiel befreiten Zucchini und die geschälten Zwiebeln im Mixer pürieren oder durch den Fleischwolf treiben, mit Eiern, Semmelbröseln, Mandeln, Käse und feingehackter Petersilie mischen, mit Salz, Pfeffer und Muskatnuß (oder Zimt) würzen. Dann mit angefeuchteten Händen flache Frikadellen formen, in Paniermehl wälzen und in heißem Öl in der Pfanne von beiden Seiten goldgelb braten. Dazu reicht man in Griechenland eine Tomatensauce. Auch Tomatensalat schmeckt gut dazu!

Zucchini, wie man sie in der Emilia mag
Zucchini all'uovo

8 junge Zucchini, Salz, Pfeffer, 4 Eßlöffel Öl, 4 Eier, 3 Eßlöffel Milch, 4 Eßlöffel geriebener Parmesan, 1 Prise Salz, feingehackte Petersilie

Die trocken abgeriebenen Zucchini von Stiel und Blüte befreien, in fingerdicke Rädchen schneiden, salzen und pfeffern und in heißem Öl bei schwacher Hitze halb weich dünsten. Eier mit Milch, geriebenem Parmesan und einer Prise Salz verschlagen und über die Zucchini gießen. Stocken lassen, wenden, mit Petersilie bestreuen und sogleich servieren. Mit gerösteten Weißbrotschnitten ein Imbiß oder Beilage zu Kalbfleisch!
Eine andere Art: Zucchini in wenig Butter, mit Salz und Pfeffer bestreut, kurz braten und mit einer Eiersauce übergießen. Dazu 4 Eier mit 2 Eßlöffel geschmolzener Butter, Salz und einer Messerspitze Zimt im Wasserbad schlagen, bis die Sauce sich einzudicken beginnt. Mit dem Saft einer halben Zitrone, abseits vom Feuer, abschmecken und über die heißen, mit etwas Parmesankäse bestreuten Zucchini gießen.

Getrüffelte Zucchini nach der Art von Piemont
Zucchini trifolati alla piemontese

Hierzulande sind die weißen Trüffeln von Piemont kaum aufzutreiben. Ein winziges Döschen schwarze Trüffeln wäre ein allzu kostspieliger Ersatz – aber eine Handvoll getrocknete, geweichte italienische Pilze tun es auch. Oder ein Döschen Trüffelabschnitte, wenn es ganz luxuriös sein darf.

8–10 kleine junge Zucchini, $^1/_2$ Tasse geweichte Trockenpilze, $^1/_2$ Tasse Öl oder 80 g Butter, 1 zerdrückte Knoblauchzehe, 1 Eßlöffel Origano, Salz, Pfeffer, 3 Eßlöffel geriebener Pecorino oder Parmesan, feingehackte Petersilie

Die Zucchini trocken abreiben, von Stiel und Blüte befreien und in daumendicke Rädchen schneiden. In Öl oder Butter (in Piemont wird Butter der Vorzug gegeben) die Pilze mit einer zerdrückten Knoblauchzehe andünsten, bis das Einweichwasser der Pilze so ziemlich verdampft ist. Die Zucchinirädchen beifügen, verriebenen Origano, Salz und Pfeffer, und alles langsam bei kleiner Hitze in etwa 15 Minuten weich dünsten. Mit geriebenem Pecorino (Schafkäse) oder Parmesan und etwas feingehackter Petersilie bestreuen und heiß servieren. Zu Kalbskoteletts!

Zucchini nach provenzalischer Art
Courgettes aux tomates à la provençale

8 zarte junge Zucchini, Salz, 4–5 reife große Tomaten, 2 Schalotten oder kleine Zwiebeln, 2 Knoblauchzehen, Salz, Pfeffer, 1 Tasse gehackte Kräuter: Petersilie, Thymian, Rosmarin, Kerbel, 1/2 Tasse Olivenöl, 1 Eßlöffel feine Semmelbrösel, 2–3 Eßlöffel geriebener Käse

Zucchini von Stiel und Blüte befreien, der Länge nach vierteln, mit Salz bestreuen und eine halbe Stunde mürbe ziehen lassen. Dann in eine irdene feuerfeste Schüssel schichten, die gebrühten, geschälten und in fingerdicke Scheiben geschnittenen Tomaten darüberbreiten, mit sehr fein gehackten Schalotten oder Zwiebeln und durch die Knoblauchpresse gedrückten Knoblauchzehen, mit Salz, Pfeffer und allen Kräutern (Petersilie sollte überwiegen) bestreuen. Das Ganze mit Öl übergießen und mit einem Gemisch aus Semmelbröseln und geriebenem Käse decken. Zugedeckt im Ofen bei mäßiger Hitze garen lassen (20 Minuten), dann den Deckel abnehmen und das Gericht goldgelb überkrusten lassen. Dazu Stangenbrot!

Gut zu wissen: Ähnlich bereitet man in Griechenland die ebenso beliebten *kolokithakia*. Nur die in Ringe geschnittenen Zwiebeln werden reichlicher bemessen (4–5), und die Speise wird im Sommer auch gerne kalt gegessen – mit Joghurt.

Zucchini nach sizilianischer Art
Zucchini alla siciliana

10–12 ganz kleine junge Zucchini, ½ Tasse Olivenöl, 2 zerdrückte Knoblauchzehen, Salz, Pfeffer, 1 Messerspitze Piment (Nelkenpulver), 1 Eßlöffel Origano, 1 Eßlöffel Weinessig, 1 Schuß Weißwein, 2–3 Sardellenfilets, feingehackte Petersilie

Hierzu läßt man die von Stiel und Blüte befreiten und mit kaltem Wasser abgebrausten Zucchini ganz, gibt sie, leicht abgetropft, in heißes Öl, mit zerdrückten Knoblauchzehen, Salz, Pfeffer, Piment und verriebenem Origano. Fügt Essig und einen guten Schuß Wein hinzu und läßt die Zucchini bei kleiner Hitze weich, aber wie es die Italiener mögen, nicht zu weich *(al dente)* schmoren. Dann wird die Schmorflüssigkeit in ein kleines Saucenkasseröllchen abgegossen, notfalls noch mit etwas Wein verdünnt, mit zerflückten Sardellen einmal aufgekocht und über die auf einer warmen Platte angerichteten Zucchini gegossen. Feingehackte Petersilie darüber und serviert. Als *contorno* – als Beilage zu Braten.
Eine Variante: In Neapel gibt man in die Sauce noch etwas Tomatenmark.

Marinierte Zucchini nach kalabrischer Art
Zucchini a scapece

500–750 g zarte junge Zucchini, 1 knappe Tasse Olivenöl, 1 zerdrückte Knoblauchzehe, Salz, Pfeffer, 1 Eßlöffel Origano, 1 Handvoll frische Minze, 3 Eßlöffel Weinessig, 4 Sardellenfilets

Zucchini in dünne Scheibchen schneiden, in reichlich heißem Öl halb weich dämpfen. Auf Küchenkrepp entölen und auf einer vorgewärmten Platte anrichten. Darüber eine zerdrückte Knoblauchzehe, Salz, schwarzen Pfeffer frisch aus der Mühle, verriebenen Origano und feingehackte frische Pfefferminze.

Mit warmem Weinessig übergießen und mit Sardellenfilets garnieren. Wird in Süditalien auch gerne kalt gegessen – als Vorspeise!

Gefüllte Zucchetti nach Art der Romagna
Zucchetti ripieni

4 kleine Zucchetti, 300 g Hackfleisch, 1 Ei, 1 geriebene Zwiebel, 1 Eßlöffel Parmesan, 1 Eßlöffel Origano, Salz, Pfeffer, 1/2 Teelöffel Muskatnuß (Zimt), 1 Handvoll Pinienkerne, Butter für die Form, Butterflöckchen

Geputzte Zucchini der Länge nach halbieren, behutsam etwas aushöhlen. Das Hackfleisch gut vermischen mit Ei, feingehacktem Zucchettifleisch (größere Kerne entfernen!), mit einer geriebenen Zwiebel, Parmesan, Origano, Salz, Pfeffer, Muskatnuß (in Sizilien wird Zimt vorgezogen) und den Pinienkernen. Diese Farce bergförmig in die Zucchini füllen und in einer gefetteten Form, eng aneinandergereiht und reich mit Butterflöckchen besteckt, bei mäßiger Hitze (etwa 200° C) 30 bis 40 Minuten backen. Eine ganze Mahlzeit!

Zwiebeln

Die meisten von uns kennen die Zwiebel nur als unentbehrliches Küchengewürz für Suppen, Saucen, Fisch- und Fleischgerichte. Aber sie ist weit mehr. Im Orient, wo sie herstammt, und in allen südlichen Ländern ist die Zwiebel ein vollwertiges Gemüse. Für die Sklaven, die in Ägypten die Pyramiden bauten, bildeten Zwiebeln (neben Lauch und Knoblauch) – so berichtet Herodot – die vitaminreiche Hauptnahrung. In der Tat sind Zwiebeln reich an ätherischen Ölen und Vitaminen (vor allem B und C), verdauungsfördernd, ein Heilmittel gegen Skorbut und andere Mangelkrankheiten. Welcher Parisreisende hat nicht schon die lebenspendende Kraft der berühmten Pariser Zwiebelsuppe erfahren, wenn er sie nach einer durchbummelten Nacht an Ort und Stelle in den berühmten alten *halles*, den heute abgerissenen Markthallen, genossen? Ebenso sind Schweizer Bölledünne (Böllewähe) oder schwäbischer Zwiebelkuchen bekannt als köstlich heilsamer Imbiß zu frischem Most.

Es gibt zahlreiche Arten von Zwiebeln: scharfe und milde, große und kleine. Zu gefüllten Zwiebeln ist die große spanische Art, die milde Oportozwiebel, immer vorzuziehen.

Gebackene Zwiebeln (spanisch)
Cebollas fritas

4–5 große Oportozwiebeln, Mehl zum Einwälzen, Öl zum Ausbacken, Salz, 1 Sträußchen Petersilie

Die Zwiebeln häuten, in dünne Scheiben schneiden, diese in Mehl wälzen und in einem hohen Topf in heißem Öl schwimmend ausbacken. (Vorsicht, es spritzt!) Auf Küchenkrepp entölen und, mit Salz bestreut und einem ausgebackenen Petersiliensträußchen garniert, heiß servieren. Zu Steaks oder zu einem anderen Gemüse, etwa zu Spinat!

Süßsaure Zwiebeln nach neapolitanischer Art
Cipolette agrodolce alla napoletana

500 g junge kleine Zwiebelchen, 1 Eßlöffel Schweineschmalz oder Öl, 50 g gewürfelter Schinkenspeck, 1 zerdrückte Knoblauchzehe, 1 Teelöffel Zucker, 1 Prise Salz, 1 Tasse Wasser, 1 Tasse Wein, ½ Tasse Weinessig, 2 Eßlöffel geröstete Pinienkerne

In heißem Schweineschmalz (oder Öl) den gewürfelten Schinkenspeck und eine Knoblauchzehe anrösten, die gehäuteten Zwiebelchen dazugeben, mit Zucker und Salz bestreuen und goldgelb rösten. Wasser, Wein und Weinessig aufgießen und auf kleinem Feuer unter gelegentlichem Rütteln an der Kasserolle schmoren lassen, bis die Flüssigkeit ein wenig verdampft ist und die Zwiebelchen schön glasiert sind. Warm, mit gerösteten Pinienkernen bestreut: eine Beilage zu Schinken oder Lammbraten; kalt: eine beliebte Vorspeise. Im letzteren Fall nimmt man Öl statt Schweineschmalz!

Zwiebeln in Madeira (französisch)
Oignons à la reine

8 große Zwiebeln, 8 Gewürznelken, 1 Kräutersträußchen: Thymian, Petersilie, Lorbeerzweiglein, Salzwasser, 30–40 g Butter, 1 Eßlöffel Mehl, 1 Glas Madeira, 1 Eßlöffel Kapern, 1/2 Teelöffel Zucker, feingehackte Petersilie

Die Zwiebeln häuten, mit je einer Nelke spicken und mit einem Kräutersträußchen (das in Frankreich zumeist aus einem Thymianzweig, Petersilienwurzel samt Grün und einem Lorbeerzweiglein besteht) in wenig Salzwasser ganz langsam weich dünsten (sie dürfen nicht zerfallen). Aus Butter und Mehl eine lichte Einbrenne bereiten, mit etwas Kochwasser ablöschen und mit Madeira zu einer sämigen Sauce auffüllen. Die Kapern und die warm gehaltenen Zwiebeln (ohne Nelken) hineingeben. Mit etwas Zucker, notfalls auch mit Salz abschmecken und mit feingehackter Petersilie bestreut heiß servieren. Etwa zu Kalbskoteletts!

Gefüllte Zwiebeln nach provenzalischer Art
Oignons farcis à la provençale

4 Oportozwiebeln, Salzwasser, 12 Knoblauchzehen, Salz, Pfeffer, 1 Teelöffel feingehacktes Basilikum, feingehackte Petersilie, 3 Eßlöffel Olivenöl, 1 Eßlöffel Weinessig oder Zitronensaft, 4 schwarze Oliven

Die geschälten Zwiebeln und Knoblauchzehen in Salzwasser 5 Minuten kochen und auf einem Sieb auskühlen lassen. Den Zwiebeln ein Deckelchen abschneiden, sie behutsam aushöhlen und das Ausgekratzte samt Deckelchen mit den Knoblauchzehen im Mixer prürieren oder im Porzellanmörser gut zerstampfen. Die Paste mit Salz, Pfeffer, feingehacktem frischem Basilikum und Petersilie würzen, mit etwas Öl und Weinessig oder Zitronensaft glattrühren und in die ausgehöhlten Zwiebeln füllen. Auf jede eine gewässerte, entsteinte schwarze Olive setzen. Die gefüllten Zwiebeln in eine geölte feuerfeste Form geben und bei mäßiger Hitze im Ofen (200° C) 25–30 Minuten garen lassen. Beilagengarnitur zu Braten; mit geröstetem Weißbrot ein *entremets!*

NB: Auf griechische Art werden Oportozwiebeln mit Zwiebelpüree (siehe dort) gefüllt und mit Tomatensauce warm oder auch kalt serviert.

Zwiebelpüree (französisch)
Purée Soubise

So benannt nach dem Fürsten von Soubise, Marschall von Frankreich und Günstling der Pompadour.

1 kg zarte weiße Zwiebeln, 60–80 g Butter, 1 Glas Weißwein, 1 Eßlöffel Mehl, ½ Tasse Rahm, Salz, Pfeffer, Muskat, 2 Eigelb

Zwiebeln schälen, mit einem guten Stück Butter (Hälfte der angegebenen Menge) und Weißwein auf kleinem Feuer weich dünsten und im Mixer pürieren oder durch ein Sieb treiben. Aus der restlichen Butter und Mehl eine lichte Einbrenne bereiten, mit dem Zwiebelfond löschen, mit Rahm aufgießen und, unter Rühren, zu einer dicken Béchamelsauce verkochen. Das Zwiebelpüree hineingeben, dazu Salz, Pfeffer, etwas Muskatnuß. Schließlich mit Eigelb legieren – ohne weiterkochen zu lassen.

Eine Variante: Das fertige Püree dick mit Parmesankäse bestreuen, mit Butterflöckchen bestecken und kurz im heißen Ofen gratinieren. Purée Soubise ist in Frankreich eine beliebte Beilage zu Kalbs- oder Lammkoteletts, aber auch zu Artischockenböden!

Gefüllte Zwiebeln nach russischer Art
Farschirowanyje lukowki

8–10 Oportozwiebeln, Salzwasser, 150 g Schweinebratenreste, 1 Salzgurke, Salz, Pfeffer, ½ Teelöffel Kümmel, 2–3 Eßlöffel Rahm, 30–40 g Butter

Die geschälten Zwiebeln in Salzwasser 5–10 Minuten kochen, auf einem Sieb abtropfen und auskühlen lassen. Jeder einen Deckel abschneiden und sie behutsam aushöhlen. Schweinebraten und das ausgekratzte Zwiebelfleisch durch die Maschine treiben, mit feingehackter Salzgurke mischen, mit Salz, Pfeffer, Kümmel würzen und mit Rahm zu einer glatten Farce verrühren. In die Zwiebeln füllen, jeder ihr Deckelchen aufsetzen und mit Zahnstochern feststecken. Die gefüllten Zwiebeln mit flüssiger Butter bestreichen und in einer gefetteten feuerfesten Form bei mäßiger Hitze (200° C) etwa 20–30 Minuten backen. Mit Kartoffelpüree servieren!

Mit Pilzen gefüllte Zwiebeln
Cipolle ripiene ai funghi

8 Oportozwiebeln, Salzwasser, 125–150 g frische Pilze: Steinpilze, Eierpilze, Champignons, ½–1 Tasse Olivenöl, 2 Eßlöffel geweichte Semmelbrösel oder 2 Eßlöffel Quark, 2 Eßlöffel geriebener Parmesan, 1 Eßlöffel Origano, 1 Eßlöffel feingehackte Petersilie, Salz, Pfeffer, 1 Ei

Die Zwiebeln schälen, mit heißem Salzwasser überbrühen und 5 Minuten ziehen lassen. Auf einem Sieb abtropfen und auskühlen lassen. Dann halbieren und behutsam aushöhlen, so daß die äußeren drei Zwiebelringe stehen bleiben. Das Ausgekratzte zusammen mit den gesäuberten frischen Pilzen ganz fein hacken und leicht in einem Eßlöffel Öl andünsten. Vom

Feuer nehmen und mischen: mit geweichten Semmelbröseln oder verrührtem Quark, geriebenem Parmesankäse, Origano, feingehackter Petersilie, Salz, Pfeffer und einem Ei. Diese Masse randvoll in die Zwiebelkörbchen füllen. Mit Öl beträufeln und in einer feuerfesten Form in reichlich Öl bei kleiner Hitze (150–200° C), zugedeckt garen lassen. Mit gerösteten Weißbrotschnitten servieren!

An dieser Stelle sei das berühmte Mischgemüse Südfrankreichs, die Ratatouille aufgeführt. Obwohl man es ebensogut unter Auberginen, Paprikaschoten, Tomaten, Zucchini einreihen könnte. Die Provence, aber auch die französische Riviera, insbesondere Nizza, beanspruchen die Ratatouille als Nationalgericht. Es gibt verschiedene Arten der Zubereitung: in einem feuerfesten irdenen Topf auf dem Herd oder in einer irdenen Pfanne im Ofen. Hier ein erprobtes Rezept für 6 Personen:

La ratatouille

4 Oportozwiebeln, 500 g Auberginen, 2 rote Paprikaschoten, 2 grüne Paprikaschoten, 500 g junge Zucchini, 10 Tomaten, ¹/₄ l Öl, 1 Eßlöffel verriebener Thymian, 1 Eßlöffel Origano, etwas frisches Basilikum, etwas feingehackte Petersilie, Estragon, Rosmarin, Salz, Pfeffer, Paprika, Saft von ¹/₂–1 Zitrone

Die Vorbereitungen: Oportozwiebeln schälen und in dünne Ringe schneiden. Auberginen in kleinfingerdicke Scheiben schneiden, salzen und die Bitterkeit ausziehen lassen (siehe Seite 26). Paprikaschoten entkernen und in fingerbreite Streifen teilen. Zucchini trocken abreiben und der Länge nach in Viertel teilen. Tomaten brühen, kalt abbrausen, schälen, in Viertel oder in dicke Scheiben schneiden. Die Zutaten werden zuerst einzeln für sich in der Pfanne in heißem Öl angebraten, dann in eine große feuerfeste Form (ich empfehle den Römertopf) Lage für Lage geschichtet und jede Lage mit Salz, Pfeffer,

Paprika, verriebenem Thymian, Origano und den feingehackten frischen Kräutern gewürzt. Die Reihenfolge: Zuerst Zwiebeln, dann Paprikastreifen, Auberginenscheiben, Zucchiniviertel, zuletzt die Tomaten. Obenauf wird Zitronensaft und das restliche Öl aus der Pfanne getröpfelt und die Form für etwa 15–20 Minuten in den Bratofen geschoben. Dazu Stangenbrot und Rotwein!

besser im Kochtopf

Verzeichnis der Rezepte

Artischocken, Brüsseler 15
Artischocken, gefüllte, nach Art der Provence 14
Artischocken, gefüllte, nach griechischer Art 15
Artischocken, gefüllte, nach spanischer Art 17
Artischocken nach römischer Art 16
Auberginen auf katalanische Art 24
Auberginen, gebackene, mit griechischer Knoblauchsauce 27
Auberginen, gefüllte, nach spanischer Art 20
Auberginen, gefüllte, nach türkischer Art 21
Auberginen, gefüllte, nach zyprischer Art 24
Auberginen, gegrillte, nach amerikanischer Art 23
Auberginen mit Käse auf griechische Art 19
Auberginen nach Neapeler Art 22
Auberginen nach provenzalischer Art 19
Auberginen nach westindischer Art 25
Auberginengericht, griechisches 26
Auberginenpüree, indisches 25
Ausbackteig 19, 35, 115, 130, 160

Beurre de Provence 12
Blattspinat nach sizilianischer Art 149
Blattspinat Tessiner Art 153
Bleichsellerie auf chinesische Art 140
Bleichsellerie auf sizilianische Art 140
Bleichsellerie nach Schweizer Art 138
Blumenkohl, ausgebackener, nach Florentiner Art 29
Blumenkohl in Knoblauchsauce 31
Blumenkohl mit Käse nach Allgäuer Art 30
Blumenkohl mit Krabbensauce 31
Blumenkohl nach der Art von Bologna 30
Blumenkohl nach polnischer Art 29
Bohnen, grüne, auf israelische Art 36

Bohnen, grüne, mit Tomaten 36
Bohnen, grüne, nach alentejanischer Art 35
Bohnen, grüne, nach andalusischer Art 33
Bohnen, grüne, nach Florentiner Art 35
Bohnen, grüne, nach norddeutscher Art 34
Bohnen, grüne, nach russischer Art 34
Bohnen, grüne, nach Wiener Art 33
Brechspargel auf baltische Art 144
Brokkoli nach neapolitanischer Art 41
Brokkoli nach Tessiner Art 41

Chicorée nach Brüsseler Art 43
Chicorée nach chinesischer Art 45
Chicorée nach flämischer Art 43
Chicorée nach holländischer Art 44
Chicorée nach normannischer Art 44
Chinakohl chinesisch 47
Chinakohl gedünstet nach belgischer Art 47
Colcannon – irisches Nationalgericht 80
Concombres à la mode des Antiques 66

Eierkuchenteig 19
Eierkürbisse Nizza, gratinierte 90
Erbsen, grüne, mit Krabben nach schwedischer Art 54
Erbsen, grüne, nach Art der Madame Maintenon 57
Erbsen, grüne, nach katalanischer Art 55
Erbsen, grüne, nach sizilianischer Art 57
Erbsen mit Karotten und Spargel 58
Erbsen mit Schinken nach Florentiner Art 55
Erbsen mit Reis und Schinken nach griechischer Art 56
Erbsen nach amerikanischer Art 54

Fastenkraut, russisches 81
Fenchel gratiniert nach Genfer Art 61
Fenchel nach provenzalischer Art 60
Fenchel nach sizilianischer Art 60
Fisolen 33

Gemüsemais nach ungarischer Art 103
Grüne Bohnen → *Bohnen*
Grüne Erbsen → *Erbsen*
Grünkohl nach Bremer Art 63
Grünkohl nach flämischer Art 63
Gurken, gebackene, nach
  schwedischer Art 67
Gurken, gefüllte, nach
  türkischer Art 69
Gurken, gefüllte, nach
  russischer Art 69
Gurken, gegrillte, nach
  amerikanischer Art 65
Gurken in Joghurtsauce
  (griechisch) 65
Gurken nach indischer Art 68
Gurken mit Petersilie
  nach flämischer Art 68
Gurken nach ungarischer Art 66
Gurken, Schmor-, auf deutsche Art 70
Gurkengemüse nach indonesischer
  Art 70

Imam bayildi 21
Indisches Auberginenpüree 25

Karfiol 28
Karotten in Rahm 72
Karotten mit Honig
  nach chilenischer Art 72
Karotten nach elsässer Art 73
Karotten oder Mohrrüben nach
  Mailänder Art 73
Knoblauchmayonnaise 12
Knollensellerie nach normannischer
  Art 137
Kohl, gefüllter, auf französische Art 82
Kohl, gefüllter, nach holländischer
  Art 80
Kohl mit Sauce nach italienischer
  Art 83
Kohlrabi nach elsässer Art 76

Kohlrabi, gefüllte, nach ungarischer
  Art 75
Kohlrabi, gefüllte, Triestiner Art 75
Kohlrouladen 84–86
Kohlrouladen, russische 85
Krautsalat 78
Krautstiele nach Schweizer Art 105
Krautwickel, in Bayern 84
Krautwickel auf jugoslawische,
  rumänische, bulgarische Art 86
Kürbisse, gefüllte, nach spanischer
  Art 92
Kürbis mit Parmesan, italienisch 91
Kürbis nach amerikanischer Art 90
Kürbis nach portugiesischer Art 92
Kürbis nach ungarischer Art 93
Kürbismus nach französischer Art 91

Lattich auf chinesische Art 96
Lattich, gebackener, aus Neuseeland 95
Lattich mit Schinken nach
  italienischer Art 95
Lattich nach amerikanischer Art 96
Lauch, gebackener, nach Nizzaer
  Art 99
Lauch mit Erdnüssen nach Burenart 99
Lauch nach Genfer Art 98
Lauch nach sizilianischer Art 98
Lauchtorte (Nationalgericht der
  Picardie) 100
Lecso 109
Leipziger Allerlei 58

Maiskolben auf amerikanische Art
  102
Maisküchlein, amerikanisch 103
Mangold nach Hausfrauenart
  (sizilianisch) 105
Mornay-Sauce 41
Mussaka 26

Osterpastete (südamerikanisch)
  148

Paprika mit Auberginen
  (griechisch) 107
Paprika nach neapolitanischer Art 108
Paprika nach russischer Art 111

Paprikagemüse nach ungarischer
 Art 109
Paprikaschoten, gefüllte, 111
Paprikaschoten, gefüllte, nach
 mexikanischer Art 112
Paprikaschoten, gefüllte, auf
 griechische und türkische Art 107
Paprikaschoten, gefüllte, nach
 ungarischer Art 111
Paprikaschoten, gefüllte, nach
 römischer Art 113
Paprikaschoten mit Ei (griechisch,
 türkisch) 110
Paprikatopf, ungarischer 109
Prinzeßböhnchen nach
 provenzalischer Art 33
Puffbohnen nach andalusischer Art 38
Puffbohnen nach römischer Art 37

Radicchio auf Genueser Art 115
Radicchio, ausgebackener 115
Ratatouille 178
Rosenkohl auf baltische Art 119
Rosenkohl auf Mailänder Art 120
Rosenkohl auf normannische Art 120
Rosenkohl auf Pariser Art 118
Rosenkohl nach Amsterdamer Art 119
Rosenkohlpüree auf flämische Art 118
Rote Rüben als Gemüse mit
 Meerrettich 123
Rote Rüben, eingelegte, auf
 englische Art 122
Rote Rüben mit Dill – russisch 122
Rotkohl auf dänische Art 125
Rotkohl mit Maronen, eine
 französische Spezialität 125

Saubohnen nach brasilianischer Art 39
Saubohnen – Thüringer Art 38
Sauerkraut auf amerikanische Art 87
Sauerkraut auf deutsche Art 87
Sauerkrautpfanne, russische 88
Schmorgurken auf deutsche Art 70
Schwarzwurzeln auf holländische
 Art 128
Schwarzwurzeln, ausgebackene 130
Schwarzwurzeln in Rahm auf
 französische Art 129
Schwarzwurzeln nach Genueser
 Art 129
Schwarzwurzeln nach
 provenzalischer Art 128
Sellerie, gebackener, nach
 italienischer Art 141
Sellerie, gefüllter, auf
 böhmische Art 138
Sellerie mit Ochsenmark 139
Sellerie nach badischer Art 141
Selleriepüree nach
 französischer Art 137
Skordalia 27
Spargel à la Fontenelle 143
Spargel auf polnische Art 144
Spargel mit Mandeln 145
Spargel mit spanischer
 Knoblauchsauce 145
Spargel nach Florentiner Art 143
Spinat auf afrikanische Art
 (Watendra) 147
Spinat auf chinesische Art 148
Spinat in Rahm (französisch) 150
Spinat mit Eiern (spanisch) 151
Spinat nach Araber-Art 147
Spinatpudding nach
 kurländischer Art 152
Spinatauflauf (griechisch) 151
Spinatnockerl (Florenz) 153
Spinatomeletten (spanisch) 148
Succotash 102

Tomaten, gebackene, nach
 provenzalischer Art 160
Tomaten, gefüllte, nach griechischer
 Art 156
Tomaten, gefüllte, nach
 Pariser Art 159
Tomaten, gefüllte, Tessiner Art 161
Tomaten, gegrillte, nach Schweizer
 Art 158
Tomaten, geschmorte, nach Nizzaer
 Art 159
Tomaten mit Paprikaschoten
 (griechisch) 158
Tomaten nach baskischer Art 161
Tomaten nach der Art von Lissabon 162

Tomaten nach Hausfrauenart
  (italienisch) 156
Tomaten nach ungarischer Art 157
Tomatenragout nach indischer Art 162
Tomatensauce, würzige 10

Watendra 147
Weinkraut auf bayrische Art 78
Weißkohl auf schwedische Art 79
Weißkraut auf französische Art 84
Weißkraut nach finnischer Art 79
Weißkraut nach ungarischer Art 78
Weißkrautsalat, heißer, auf
  polnische Art 82
Wirsing in Rahm 164
Wirsing nach ungarischer Art 164

Zucchetti, gefüllte, nach Art der
  Romagna 172
Zucchini, gefüllte, nach
  Hausfrauenart 167
Zucchini, getrüffelte, nach der Art
  von Piemont 169
Zucchini, marinierte, nach kalabrischer
  Art 171
Zucchini nach provenzalischer Art 170
Zucchini nach sizilianischer Art 171
Zucchini , wie man sie in der Emilia
  mag 169
Zucchini-Frikadellen (griechisch) 168
Zucchini-Pfanne nach spanischer
  Art 168
Zwiebeln, gebackene (spanisch) 174
Zwiebeln, gefüllte, nach
  provenzalischer Art 175
Zwiebeln, gefüllt mit Pilzen 177
Zwiebeln, gefüllte, nach russischer
  Art 177
Zwiebeln in Madeira (französisch) 175
Zwiebeln, süßsaure, nach
  neapolitanischer Art 174
Zwiebelpüree (französisch) 176

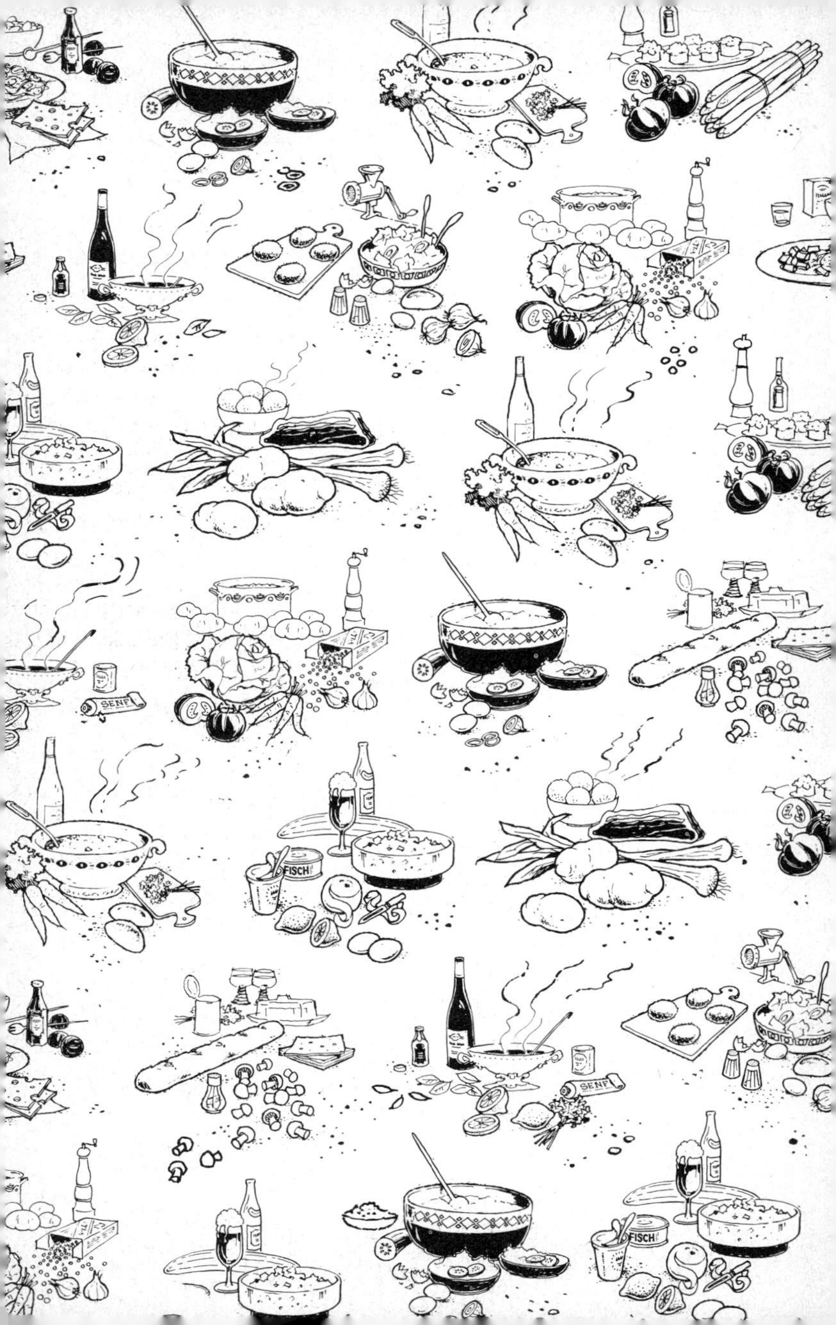
SENF
FISCH
SENF
FISCH